WIE GEWOHNT

ANDREA WEBER
FOTOS VON ANDREAS BOCK

WIE GEWOHNT

GESCHICHTE UND GESCHICHTEN AUS ALTEN HAMBURGER HÄUSERN

DIE HANSE

INHALT

STADTPALAIS UND FISCHERBUDE

EIN KLEINER STREIFZUG DURCH DIE GESCHICHTE HAMBURGER HÄUSER

Ob bürgerliche Sommerresidenz oder alte Bauernkate, Gartenstadt oder Grachtensiedlung – Hamburg kennt viele Facetten des „Zuhause". Bis heute können architektonische Zeugnisse unterschiedlicher Epochen besichtigt werden. Weithin berühmt sind die Ende des 18. Jahrhunderts im klassizistischen Stil an der Palmaille errichteten Wohn- und Landhäuser für wohlhabende Kaufleute. Der königliche Landbaumeister Christian Fredrik Hansen ließ seinerzeit die Palmaille zur Prachtstraße im damals dänischen Altona ausbauen. Gleichwohl zog es die Hamburger noch weiter in den Westen an die Elbchaussee, wo unter anderem die Landsitze von Georg Heinrich Sieveking, Caspar von Voght und – zwischen 1831 und 1833 – Martin Johann Jenisch entstanden. Diese und weitere Anwesen waren teils eingebettet in prachtvoll-weitläufige Parklandschaften, von denen einige in Resten erhalten geblieben sind. Über die „Himmelsleiter" geht es von der Elbchaussee hinab ans Elbufer ins idyllische Oevelgönne, das einst „Fischerbude" hieß. Hier reihen sich alte Fischer- und Lotsenhäuser wie eine Perlenkette aneinander – die ältesten stammen aus der Zeit um 1730.

Andere Bauten können sich literarischer Prominenz rühmen: Das Wohnhaus des Buchhändlers Friedrich Christoph Perthes am Jungfernstieg 22 wurde bekannt, weil dort 1815 der Dichter Matthias Claudius starb. 450 000 Goldmark kostete die 1875 nach Plänen des Architekten und späteren Leiter des Rathausneubaues, Martin Haller, erbaute Villa für Heinrich Freiherr von Ohlendorff. Das palaisähnliche Anwesen entstand in Hamm, das damals mit seinem hohen Geestrand ein „Nobelvorort" von Hamburg war. Kaufmann Ohlendorff konnte sich den Prachtbau vor den Toren der Stadt leisten, war er doch durch den Import peruanischen Guanos als Düngemittel fast märchenhaft reich geworden. Auch im Tod wünschte er übrigens ein eigenes Haus und ließ sich – wiederum vom Architekten Haller – inmitten der pittoresken Landschaft des Parkfriedhofes Ohlsdorf ein monumentales Mausoleum errichten.

Aber es gab auch die andere Seite der Medaille: Dass die im Verlauf des 19. Jahrhunderts stetig wachsende Zahl von Arbeiterwohnungen klein und kalt, feucht und dunkel waren, ist immer wieder beklagt worden.

Das Gängeviertel in der Neustadt bot billigen Wohnraum, galt aber auch als Hort der Sittenverderbnis. Am Hafen mussten rund 20 000 Menschen ihr Zuhause für die neue, zum Großprojekt Freihafen gehörende und 1888 eingeweihte Speicherstadt aufgeben. Barocke Bürgerhäuser im niederländischen Stil wurden hier ebenso abgerissen wie die Wohnbauten der weniger Bemittelten. Letzteren wandten sich bald darauf die Reformer zu: Die 1902 fertiggestellten Falkenried-Terrassen in Hoheluft wurden als Arbeiterwohnungen hoher Qualität bekannt. Licht und Luft galten als Leitbilder jener Epoche – die aus England kommende „Gartenstadtbewegung" ließ ab 1910 in Wandsbek erstmals Reihenhäuser entstehen, die gezielt „im Grünen" lagen. Hamburgische Reformarchitektur fand schließlich ihren vorläufigen Höhepunkt in den unter Oberbaudirektor Fritz Schumacher in den 1920er Jahren errichteten, im typisch norddeutschen Klinker gehaltenen Bauten der Winterhuder Jarrestadt.

Auf gänzlich andere Art und Weise für Furore sorgten ab 1950 die Grindelhochhäuser: Sie waren nämlich die ersten „Wolkenkratzer" in Deutschland. Nicht alle himmelstrebenden Pläne wurden umgesetzt – glücklicherweise, möchte man sagen, wenn man an die gigantomanischen Projekte zur Errichtung eines Hochhausviertels in St. Georg Ende der 1960er Jahre denkt. Anderes ging unwiderruflich verloren: Als besonders schmerzlich empfunden wurde die Aufgabe historischer Bauern- und Fischerhäuser in Altenwerder, das der Hafenerweiterung zum Opfer fiel. Auf der anderen, östlichen Seite der Hamburger Elbmarschen entstand Neues: die im Stil niederländischer Grachtensiedlungen – und teils als ökologische Modellprojekte – in den 1980er und 1990er Jahren angelegten Bauten in Neu-Allermöhe.

Bis heute ist Hamburgs Stadtbild geprägt vom Charme seiner unzähligen historischen Gebäude. Das vorliegende Buch führt in die unterschiedlichsten Lebenswelten, die sich dahinter verbergen: in große und kleine Häuser, in Wohnungen, Hinterhöfe und Gärten, an die Elbe und hinter den Deich. In Geschichten, Erinnerungen, Anekdoten, neuen und alten Bildern greifen Vergangenheit und Gegenwart ineinander und lassen Momentaufnahmen entstehen, die ihre eigene Sprache sprechen.

Norbert Fischer

„MEIN GANZES LEBEN LANG HATTE ICH UNBESCHREIBLICHES GLÜCK"

VIERUNDNEUNZIG JAHRE IN DER VILLA VORWERK IN NIENSTEDTEN

Der breite Kiesweg zur Villa Vorwerk hinab, vorbei an knorrigen alten Bäumen, führt dorthin, wo die Elbe sich von ihrer schönsten Seite zeigt. Es ist einer der letzten warmen Septembertage, die Herbstsonne wirft ihre Strahlen über die frisch gemähte Rasenfläche. Es gibt viele Plätze unter der überdachten Terrasse, auf die man sich setzen möchte, um hinunterzusehen zur Elbe. An diesem Morgen sind nur ein paar kleine Segelboote zu erkennen. Still ist es hier, als sei die Welt stehen geblieben. Würden die startenden Flugzeuge auf der anderen Elbseite nicht gelegentlich auf die Realität hinweisen, könnte man einfach in der Vergangenheit verweilen und alles andere ringsum vergessen.

Der Blick über das riesige Rasengrundstück, beidseitig von uralten Bäumen, Büschen und Sträuchern gesäumt, hinunter zur Elbe ist einfach traumhaft schön. Gern möchte man sich von hier ein Jahrhundert zurückversetzen lassen und die Geschichten erfahren, die dieses Haus zu erzählen weiß.

Marianne Carlota von Usslar lebt hier, seit sie denken kann. Seit dem 12. 12. 1912, ihrem Geburtsdatum, gehört die Villa Vorwerk zu ihrem Leben – oder umgekehrt, ihr Leben zur Villa Vorwerk. Der Erbauer des Hauses, Georg Friedrich Wilhelm Vorwerk, der 1840 auf dem höchsten Punkt des Elbgrundstücks ein Landhaus nach Plänen des Architekten Franz Gustav Forsmann errichten ließ, war ihr Urgroßvater. Sein Entschluss, ein Landhaus in den Elbvororten bauen zu lassen, lag ganz im Trend des 18. und 19. Jahrhunderts, denn zu dieser Zeit entstanden zahlreiche Landhäuser im Hamburger Umland. Die Oberschicht leistete sich damals stattliche Wohnsitze im Grünen, um die Sommermonate jenseits von Schmutz und Enge der Stadt verbringen zu können. Vorwerk war Kaufmann, Reeder, Kommerzdeputierter und Abgeordneter in Hamburg und gründete die Firma Hochgreve und Vorwerk, die bereits Mitte des 19. Jahrhunderts Kupfer, Erz und Salpeter nach Hamburg importierte, Firmenniederlassungen im Ausland gründete und überaus erfolgreich arbeitete. Zudem machte er sich später als Mitstifter der Hamburger Kunsthalle einen Namen.

Marianne Carlota von Usslar, Urenkelin des Erbauers der Villa Vorwerk, lebt hier, seit sie denken kann

Die Villa Vorwerk von der gegenüberliegenden Elbseite aus gesehen

Fototermin im Garten der Villa Vorwerk, Ende 19. Jahrhundert:
Die Kinder spielten leidenschaftlich gern Tennis auf dem
eigenen Platz (oben), die „Nordgrotte" spendete Schatten –
mehr noch als die kunstvollen Kopfbedeckungen (unten)

Ihn selbst hat Marianne von Usslar allerdings nicht mehr persönlich kennen gelernt. Trotzdem ist er ihr in lebhafter Erinnerung geblieben: „Die Namen seiner elf Kinder mussten wir alle auswendig lernen", erzählt sie und lacht. Immerhin veranlasste die beachtliche Kinderschar den Erbauer dazu, ein entsprechend geräumiges Esszimmer einzuplanen.

Auch einen ihrer Großväter, den Ersten Bürgermeister der Freien und Hansestadt Hamburg, Johann Heinrich Burchard, dessen Sohn Wilhelm Burchard der spätere Ehemann von Helene Vorwerk wurde, lernte sie nicht mehr persönlich kennen. Johann Heinrich, der auch „der königliche Bürgermeister" genannt wurde, starb nur eine Woche vor ihrer Geburt. Da er im Senat lange Zeit für Auswärtiges zuständig war, entstand eine Freundschaft zu Wilhelm II. Im Foyer der Villa hängt noch heute ein Bild, das an seine Teilnahme als Vertreter Hamburgs 1908 an der Geburtstagsfeier des Kaisers erinnert. Burchard soll der erste Bürgermeister Hamburgs mit eigenem Dienstwagen gewesen sein.

Der Gartensaal der Villa

Helene, seine Schwiegertochter, 1880 geboren und verheiratet mit Wilhelm Buchard-Motz, war Malerin. Etliche ihrer Gemälde finden sich im Gartensaal der Villa. Frau von Usslar erinnert sich daran, dass ihre Mutter ständig mit der Staffelei unterwegs war, im Garten saß und leidenschaftlich gern malte. Sie galt damals als ausgesprochen fortschrittlich, und ihren Kontakten ist es zu verdanken, dass etliche Familienmitglieder von ausgewiesenen Hamburger Künstlern wie Anita Rée oder Eduard Bargheer porträtiert wurden.

Die Villa Vorwerk wurde von der Familie Anfang des letzten Jahrhunderts zunächst ausschließlich im Sommer genutzt. „Vor dem 15. Mai waren wir nie hier", erzählt Frau von Usslar, „denn wir bekamen erst 1930 eine Heizung ins Haus." Vorher wurde der Kamin entfacht, wenn es abends kühl wurde. Die übrige Zeit des Jahres lebte die Familie in Hamburg. Wenn der Sommer vorbei war, ging man zurück in die Stadt. In der Feldbrunnenstraße, nahe dem Dammtorbahnhof, verbrachte die siebenköpfige

Die Villa Vorwerk ist von uralten und teilweise exotischen Bäumen umgeben

Georg Friedrich Vorwerk ließ die Villa und den Garten 1840 nach Plänen des Architekten Gustav Forsmann errichten

Familie die Wintermonate. Schon damals war die verhältnismäßig weite Strecke problemlos zu bewältigen – eine öffentliche Bahnverbindung zwischen Ohlsdorf und Blankenese existierte bereits seit 1906. Zwanzig Minuten dauerte die Fahrt vom Dammtorbahnhof. Der Großvater aus der Vorwerk'schen Familie, den Marianne von Usslar auch noch persönlich kannte, pflegte diese Strecke mit der Pferdekutsche zurückzulegen und am Hohenzollernring den Zoll zu passieren.

Im Landhaus traf sich dann die ganze Verwandtschaft. „Es war herrlich", erzählt Marianne von Usslar, „wir Kinder rannten den ganzen Tag durch den Garten und hatten nichts anderes im Sinn, als nur zu spielen." Auch an morgendliche Bäder in der Elbe erinnert sie sich gern.

Der Garten, der 1860 mit zahlreichen exotischen Gewächsen und seltenen Pflanzen angelegt worden war, genügte allerhöchsten Ansprüchen. Dafür sorgten hauseigene Gärtner, die mehr als genug damit zu tun hatten, die sorgsam ausgewählten Bäume und Pflanzen zu hegen und zu pflegen, denn das Wasser für den Garten musste mühsam von der Elbe heraufgefahren werden. Auf der Veranda gediehen Orangen- und Zitronenbäume, die im Winter zusammen mit weißen Kamelien im Wohnhaus ihren Platz fanden. „Die Pferde bekamen sogar Schuhe an die Füße, wenn sie zum Rasenmähen angespannt wurden, damit der Rasen keinen Schaden nahm", erinnert sich Frau von Usslar.

In den kargen Jahren nach dem Krieg, in denen es fast überall an allem mangelte, veränderte sich auch die Situation in der Villa Vorwerk maßgeblich. Der kunstvoll angelegte Garten musste jetzt für die Versorgung der Familie herhalten. Plötzlich verwandelten sich die gepflegten Rasenflächen in Schafweiden. Zehn ostfriesische Milchschafe trotteten auch über die Wiesen und fraßen nicht nur das einst sorgsam geschnittene Gras, sondern stutzten auch sämtliche Büsche „auf Schafshöhe". Die Wolle wurde gesponnen und verstrickt, die unvergesslichen Pullover wärmten und kratzten gleichermaßen. Schafskäse wurde im sogenannten „Schafskasten" gepresst und gehörte täglich auf den Speiseplan. Die

Gärtner kümmerten sich nun um Kartoffeln oder Gemüse und bewirtschafteten ein Gewächshaus. Der Gemüsegarten, der schon seit den dreißiger Jahren existierte, ernährte in den Nachkriegsjahren die ganze Familie, und die war zu dieser Zeit sehr groß. Der Gärtner hütete die Erdbeeren wie seinen Augapfel und scheuchte die Kinder davon, wenn sie versuchten, die köstlichen Früchte vom Strauch zu stibitzen. Auf den Heizungen lagen nicht nur die unreif gepflückten Pfirsiche, um nachzureifen, im Winter fanden sich dort auch überall Schalen mit der sogenannten Setzmilch. Die frisch gemolkene Schafsmilch wurde Tage später, nachdem sie sauer geworden war, verzehrt, mit geriebenem Schwarzbrot und Zucker bestreut.

In den Nachkriegsjahren lebten mindestens fünfzehn Familienmitglieder aus drei Generationen ständig in der Villa. Hinzu kamen Verwandte von Übersee, die gelegentlich im Familienhaus unterkamen. Die Mahlzeiten wurden von allen gemeinsam eingenommen. Eine Köchin gab es immer. Das änderte aber nichts daran, dass die Umstände auch alle dazu zwangen, in der Bohnenzeit jeden Tag Bohnen zu essen.

Die bitterkalten Winter der Nachkriegszeit, die diese Jahre zusätzlich erschwerten, sind Frau von Usslar unvergessen. Sogar die Elbe war eines Winters zugefroren. Lediglich eine Fahrrinne für die Schiffe wurde eisfrei gehalten. Die Hamburger nutzten dieses Ereignis und suchten in Scharen das Elbufer auf. Bis an den Rand des Eises schoben sich Menschenmengen vor. Als ein Schiff die schmale Furt durchquerte, soll der irritierte Kapitän durch den Lautsprecher die Worte „Bitte zurücktreten!" gerufen haben.

Trotz der Kohlezentralheizung, die nach dem Krieg eingebaut wurde, herrschte in den Räumen eisige Kälte. „Wir kannten das nicht anders", erklärt Frau von Usslar, denn die Räume mit den hohen Decken waren kaum warm zu bekommen. Ihr Mann jedoch entwickelte damals die Idee, einige Zimmer mit den sogenannten Oberstübchen auszustatten, die die hohen Räume mit einer Zwischenetage versahen. „Das hatte gleich zwei Vorteile", erklärt Frau von Usslar, „erstens war es da oben fünf Grad wärmer,

Vom Gartensaal der Villa reicht der Blick bis zur Elbe hinunter

Marianne von Usslar als junges Mädchen

Johann Heinrich Burchard, in Hamburg auch „der königliche Bürgermeister" genannt, war der Großvater von Marianne Carlota von Usslar. Das Porträt wurde 1912 von Leopold von Kalckreuth gemalt.

Die Hamburger Malerin Anita Rée fertigte ein Gemälde ihres Vaters

und zweitens schaffte man auf diese Weise zusätzlichen Platz zum Schlafen oder Bridgespielen." Erst Mitte der achtziger Jahre entschloss sich die Familie, das Haus wieder in den Originalzustand zurückzuversetzen, und ließ die Balustraden entfernen. Nur im Schlafzimmer ist das Oberstübchen bis heute erhalten geblieben. Es ermöglichte der Familie damals, den Kindern trotz beengter Verhältnisse einen eigenen Raum zu schaffen.

Obwohl über all die Jahre hinweg das Haus von drei Generationen gleichzeitig bewohnt wurde, kam es nie zu grundlegenden baulichen Maßnahmen, die den ursprünglichen Grundriss des Hauses veränderten. Höchstens ein kleines Badezimmer kam hinzu, oder der ehemalige Aufzug in der Pantry, mit dem das Hausmädchen früher das Essen aus der Küche im Untergeschoss nach oben beförderte, musste einer Garderobe weichen. Der Gartensaal, das mittlere Zimmer in abgerundeter Form, wirkt so, als hätte er sich auch in der Einrichtung in den letzten hundert Jahren kaum verändert. Er war traditionell der Raum für alle. Hier wurde gefeiert und zusammen gesessen, und das zu allen Zeiten. Am zweiten Weihnachtsfeiertag traf sich hier Jahr für Jahr die komplette Verwandtschaft.

Die meisten der alten Gemälde und Gegenstände, die heute an frühere Generationen und an vergangene Zeiten erinnern, geben Anlass zu Geschichten und Anekdoten. So auch die goldene Uhr auf dem Kaminsims: „Früher kam ein Mal in der Woche ein Mann, der die Uhren aufzog", erzählt Frau von Usslar „jetzt mache ich das selbst jeden Samstag."

Vieles hat sich in der Villa Vorwerk über die Jahre verändert, und natürlich nagt auch hier der Zahn der Zeit. Geblieben ist ein Haus voller Erinnerungen, einer langen Vergangenheit und sicherlich auch einer Zukunft, denn bis heute leben mehrere Generationen der Familie direkt im Haus oder in der Nähe. Seit der letzte Gärtner in den siebziger Jahren starb und kein Personal mehr in den umliegenden Gebäuden untergebracht ist, ist für alle mehr Platz entstanden. Und bis zum heutigen Tage ist die Villa Vorwerk ein Haus für die ganze Familie geblieben.

Im Foyer wurden früher Feste und sogar Bälle veranstaltet

„ABER WIR HATTEN IMMER EIN DACH ÜBERM KOPF"

SIEBZIG JAHRE IN DER FRITZ-SCHUMACHER-SIEDLUNG IN LANGENHORN

Im Sommer ist Else Bartnik nach zehn Uhr morgens nicht mehr telefonisch zu erreichen. „Danach genieße ich meinen Garten", erzählt sie und gerät ins Schwärmen: „Hier kann man die Perspektive ändern, sooft man möchte." Im Sommer schützen die Nadelbäume vor der Hitze und verbreiten einen wunderbaren Duft, das Bänkchen vor dem Schuppen lädt zum Lesen ein. Im März betrachtet man bei der ersten Frühlingssonne die Schneeglöckchen, wenn es zu kalt ist, eben vom Fenster aus. Dieser Garten, in dem die fünfundachtzigjährige Siedlerin täglich mehrere Stunden bei der Gartenarbeit zubringt, ist zu jeder Jahreszeit etwas Besonderes. 600 Quadratmeter Grundstück schließen sich an das bescheidene Reihenhaus in der Fritz-Schumacher-Allee. Verwunschene Wege führen vorbei an beschaulichen Sitzgelegenheiten zum Gartentor, wo der Wirtschaftsweg die Grenze zum nächsten Grundstück bildet. Hier steht ein Gartenzwerg, auf dem Komposthaufen liegen dekorativ frische Rhabarberblätter.

Zugegeben: Dieser Garten entspricht nicht unbedingt dem Ideal des peniblen Schrebergärtners, den jedes Unkraut stört. Doch hier in Langenhorn haben sich die Nachbarn in der Fritz-Schumacher-Siedlung längst an die ganz eigene Gartenauffassung gewöhnt, die Else Bartnik in ihrem Wildgarten vertritt. Auch dieses Stück Land in Langenhorn hat seine eigene Geschichte erlebt, seinen eigenen Charme und seine eigene Atmosphäre entwickelt und so viel zu erzählen wie das Haus, in dem Else Bartnik seit mehr als siebzig Jahren wohnt.

Fritz Schumacher, damals Baudirektor in Hamburg, hatte 1918 mit der Planung einer Kleinhaussiedlung begonnen. Im Zuge der großen Wohnungsnot nach dem Ersten Weltkrieg beschloss die Bürgerschaft, eine Siedlung weit außerhalb Hamburgs zu schaffen, und griff dabei auf die Pläne von Fritz Schumacher zurück. 1920 entstanden so die ersten Häuser in unmittelbarer Nähe des heutigen Naturschutzgebietes Raakmoor, zwischen Heidbergkrankenhaus und Wördenmoorweg, einer damals noch sehr abgelegenen Gegend. Die kleinen Reihenhäuser mussten mit minimalem finanziellem Aufwand errichtet werden. Aus diesem

Die hohe Tanne war bei Else Bartniks Einzug 30 Zentimeter hoch

Siedlerhäuser in Langenhorn

Herbert Grunwaldt hat den Garten von Else Bartnik in einer Radierung verewigt

Else Bartnik unter ihrem blühenden Rosenbogen

Das alltägliche Hühnerfüttern
in den dreißiger Jahren

Die Siedlerhäuser in Hamburg-Langenhorn
wurden in den zwanzigerer Jahren mit
einfachsten Mitteln und Materialien erbaut

Grunde entfiel zum Beispiel ein Anschluss an die Kanalisation. Auch auf die von Schumacher bevorzugte Bauweise mit Backstein wurde verzichtet, da dieses Material nach dem Krieg nicht zu bekommen war. Stattdessen wurde auf Zement und Lehm zurückgegriffen, Hohlräume füllte man zum Teil mit Torf oder Schlacke auf. 1921 waren 660 Wohnungen und Wirtschaftsgebäude in der Siedlung fertiggestellt.

Als Else Bartnik, die damals noch ihren Mädchennamen Kreiselmeier trug, 1932 in die Fritz-Schumacher-Allee zog, lebten hier bereits viertausend Menschen, viele in sehr großen Familien. In den Gärten hielt man Ziegen, Hühner und Kaninchen und baute Obst und Gemüse an. Und das Haus, in das sie ziehen sollte, war bereits voll belegt. Eigentlich sogar noch mehr als das. Nicht weniger als elf Waisenkinder wohnten in den achtzig Quadratmetern über zwei Etagen, die auch ihr neues Zuhause werden sollten.

Für Elisabeth Kreiselmeier, Elses Mutter, dürfte der Entschluss, dorthin zu ziehen, damals ziemlich überstürzt gefasst worden sein. Der Langenhorner Arzt Dr. Einstein war es, der die Sache ins Rollen brachte. Er hatte sich zum Ziel gesetzt, den Kindern nach dem Tod ihrer Eltern ein neues Zuhause zu beschaffen, und bat einen Pastor, ihn bei der Suche nach Pflegeeltern zu unterstützen. Doch wer wollte schon elf Kinder adoptieren? 1895 geboren und damals gerade sechsunddreißig Jahre alt, hatte die alleinerziehende Mutter größte Mühe, das Auskommen für sich und ihre kleine Tochter zu verdienen. In Eppendorf, wo sie die letzten Jahre in Stellung gewesen war, hatte sie das Glück gehabt, mit Else, ihrer Tochter, im Vorderhaus der Herrschaft ein eigenes Leben zu führen. Als der Hausherr, der bislang allein gelebt hatte, jedoch mit fast siebzig Jahren wieder heiratete, beschloss sie, ihre Stellung dort aufzugeben. Sie hatte vor, sich selbstständig zu machen und mit dem Bekochen von Gesellschaften ihr Auskommen zu verdienen. Der Plan war aber offenbar nicht so weit gereift, dass er nicht noch zu ändern gewesen wäre.

Das kleine Reihenhaus war zwar für eine dreizehnköpfige Familie nicht gerade geräumig, der riesige Garten bot jedoch jede

Menge Nutzfläche. Und so war es von Fritz Schumacher auch gedacht. Die Gärten waren so groß, dass sie den Bewohnern, die großenteils Kriegsheimkehrer oder Arbeitslose waren, ausreichend Platz boten, ein selbst versorgtes Leben zu führen. Und das war gut so, denn das Geld war überall knapp, und die ersten Geschäfte entstanden erst in den dreißiger Jahren in der Siedlung.

Für die neunjährige Else war die Lebenssituation, in die sie so unverhofft geraten war, ziemlich fremd. „Ich fand das interessant", erzählt sie und erinnert sich, wie die Vielzahl der Betten in den kleinen niedrigen Räumen, die alle Durchgangszimmer waren, angeordnet waren. Auch die Mutter ließ sich erst viele Jahre später eine winzige Schlafkammer von der Wohnküche abteilen. Und die finanzielle Not war groß, denn außer der Waisenrente der Kinder hatte die Familie keinerlei Einkünfte. Dass die heranwachsenden Jungen es bei sechs Scheiben Brot nicht beließen,

Else Bartniks ganzer Stolz: ihr Wildgarten

„Die Freude an meinem Garten ist
die Bezahlung für meine Arbeit"

sorgte daher für einigen Verdruss. Die zu Rate gezogene Fürsorgerin jedoch versicherte „von Amts wegen", dass vier Scheiben Brot pro Kind ausreichen müssten, und regelte auf diese Weise das Budget. Wenn die heranwachsenden Jungen jedoch am Wochenende vom Tanzen kamen, war es mit der Disziplin vorbei und in der Vorratskammer nichts vor ihnen sicher. Da half auch kein gutes Zureden, Elisabeth Kreiselmeier musste kreative Lösungen entwickeln, um die Vorräte zusammenzuhalten. Und das gelang ihr auch, denn sogar die hungrige Meute kam nicht auf die Idee, unter dem Küchentisch nach dem Aufschnittpaket zu suchen! Dort nämlich war das sauber verschnürte Paket von der Mutter höchstpersönlich in mühevoller Arbeit mit kleinen Nägeln fest geklopft worden.

Natürlich gab es strenge Regeln in der Familie, und keines der Kinder kam drum herum, in Haus und Garten mitzuarbeiten.

Wie faszinierend war da der üppig blühende Garten des Landwirts Schwen, Besitzer des traditionsreichen Restaurants Wattkorn. Da wuchsen keine Kartoffeln oder Bohnen in Reihe, sondern ungezählte Schneeglöckchen, die große Teile des eigenwilligen Gartens überwucherten. Hühner fühlten sich inmitten von üppigem Grün offensichtlich pudelwohl – das gefiel dem Kind Else, und sie nutzte jede Gelegenheit, dort stehen zu bleiben. Doch die Liebe zur Natur ging beim Storchenvater Schwen, wie der Landwirt auch genannt wurde, weiter. Er ließ nicht nur in seinem Garten alles leben, was wuchs, er sorgte auch dafür, dass man bis ins Jahr 1981 Störche in Langenhorn nisten sehen konnte. Immer wieder wurden verletzte und kranke Tiere zu ihm gebracht. Er pflegte und versorgte sie so lange, bis sie wieder eigenständig fliegen konnten. Einmal soll er einen verletzten Storch sogar ins Heidbergkrankenhaus verfrachtet haben, wo man seinen abgebrochenen Schnabel durch eine Metallspitze ersetzte.

Heute sind in den Gärten der Siedlung kaum noch Spuren des landwirtschaftlichen Lebens erkennbar, das hier einst herrschte. Gepflegte Rasenflächen und Blumenbeete, Kinderspielgeräte und Carports oder Geräteschuppen bestimmen das Bild. Wer hier wohnt, zieht nicht freiwillig weg. 381,19 Euro Miete sind monatlich zu bezahlen, erzählt Else Bartnik nach einem Blick in ihr sauber geführtes Haushaltsbuch. Die Häuser sind schwer zu bekommen. Oft ziehen Kinder oder Kindeskinder der ursprünglichen Bewohner mit ihren Familien ein. Die Wartelisten sind lang, und die Genossenschaft tut viel dafür, dass die Siedler in Langenhorn sich auch als solche fühlen.

Renovierungen am Haus müssen auch heute noch von den Mietern selbst durchgeführt werden. „Wenn die Genossenschaft beschließt, die Häuser neu zu streichen, dann stellen die ein Gerüst ans Haus und einen Eimer Farbe vor die Tür, und dann man los", erzählt Else Bartnik. Dies steht ganz in der Tradition der Siedlung, denn von jeher haben die Bewohner selbst Hand angelegt, wenn es darum ging, Haus und Garten zu sanieren oder Schäden auszubessern.

In der Küche findet man original hand-
signierte Grafiken von A. Paul Weber

Tradition ist in der Fritz-Schumacher-Allee 67 auch immer
das offene Haus geblieben. Als die elf Pflegekinder nach und nach
ihre eigenen Wege gingen, blieb Tochter Else mit ihrer Mutter
zurück. Allerdings nur selten allein. Immer wieder wurde die
Tür geöffnet, wenn irgendwo Not an Wohnraum herrschte. Als
die Schwester der Mutter in den vierziger Jahren starb, war es keine Frage, dass deren drei Kinder in Langenhorn Zuflucht fanden.
Flüchtlingskinder und später sogar deren Eltern fanden ein Plätz-
chen im Siedlerhaus. Und als Else in den fünfziger Jahren ihren
Mann Erich heiratete, war es selbstverständlich, dass das frisch
getraute Ehepaar und später auch deren Sohn gemeinsam mit
der Mutter im Haus lebten. Und nicht nur das. Sogar die Eltern
des Ehemanns wurden für einige Jahre einquartiert. Sie waren
ausgebombt und lebten seither in einem finsteren Kellerloch. Da
konnte die Familie einfach nicht zusehen. Mit einem Durchbruch
zum Nachbarn wurde kurzerhand ein zusätzliches Zimmer geschaffen.

Sicher gab es auch Probleme, und natürlich blieb all die Jahre
das Geld knapp. „Aber wir hatten immer ein Dach überm Kopf“,
erzählt Else Bartnik, „und das war eine Menge wert.“ Nach acht
Volksschuljahren verließ sie erstmals, wenn auch nur für kurze
Zeit, das Haus in Langenhorn, um ein Jahr lang auf dem Lande
schneidern zu lernen. Ihren Traumberuf, Bäuerin, hatte sie ver-
worfen – sie wollte keine Hühner schlachten.

Nach einem Jahr Handelsschule arbeitet sie sieben Jahre lang
als Büroangestellte in Hamburg. Doch als ihr ehemaliger Zei-
chenlehrer, Johannes Böse, eine Bürohilfe in Langenhorn brauchte, zögerte sie nicht lange, wenngleich das Gehalt, das er bezahlen
wollte, mit 180 Mark monatlich ganze 40 Mark geringer war als
das, was sie bisher verdient hatte. Die Liebe zur Kunst war ihr das
wert, denn Johannes Böse hatte im Jahre 1925 im Dachgeschoss
der Siedlerschule die Griffelkunst-Vereinigung Hamburg-Langenhorn e.V. gegründet. Der Volksschullehrer, bei dem Else Bartnik einen Kurs Bildbetrachtung belegt hatte, verlegte für einen
Kreis von zunächst siebzig Mitgliedern Graphik-Editionen. Sein

Anliegen, auch Menschen mit wenig Geld den Besitz von originalen Kunstwerken zu ermöglichen, ist bis heute der Grundsatz
der Griffelkunst geblieben, die bereits ihr achtzigjähriges Bestehen feierte. Johannes Böse schuf mit dieser Idee ein zunächst kleines kulturelles Netzwerk, das von den Siedlern interessiert an-
genommen wurde. Später wuchs die Mitgliederzahl von Jahr zu
Jahr. Heute ist der Langenhorner Kunstverein zu einer renom-
mierten, bundesweit bekannten Institution geworden und musste
längst größere Räume anmieten. Die Ideen von Johannes Böse
finden sich noch immer in der Vereinssatzung wieder und werden
in der Griffelkunst, die weltweit einzigartig in ihrer Idee geblieben ist, bis zum heutigen Tage umgesetzt. Else Bartnik ist in der
Griffelkunst selbst fast ein wenig zur Institution geworden. Bis zu
ihrem siebenundsiebzigsten Lebensjahr blieb sie der Vereinigung
als Mitarbeiterin verbunden und blickt auf eine fünfundsechzig-
jährige Griffelkunst-Mitgliedschaft zurück. Ihre Wohnung kann
davon erzählen. Neben Kalenderblättern und Fotografien, die die
Wände zieren, findet man bei Else Bartnik auch original signierte Lithographien von A. Paul Weber und Horst Janssen. Auch ihr
eigener Garten ist mit einer Radierung ihres Rosenbogens in die
Geschichte der Griffelkunst eingegangen. Else Bartniks Natur-
garten ist so einzigartig in Langenhorn wie ihr Verhältnis zu ihm.
Keiner stört sich daran, dass sie jede ihrer Weinbergschnecken
persönlich begrüßt. „Die Freude an meinem Garten ist die Bezahlung für meine Arbeit", sagt sie.

   Auch für die übrigen Siedler in Langenhorn dürften die Gärten und Häuser, für die sie seit Bestehen der Siedlung selbst ge-
sorgt haben, der Lohn ihrer Arbeit sein. Als die Stadt in den achtziger Jahren einen Abriss der Siedlung erwog, um die Grund-
stücke rentabler zu nutzen, war es letztlich der gute Zustand der
Siedlung, der die Planer davon überzeugen konnte, dass dieses ge-
schichtsträchtige Quartier in Langenhorn erhaltenswert ist.

Der Wildgarten von Else Bartnik
erzählt seine eigene Geschichte

„DIE VERGANGENHEIT GEHÖRT JETZT NUR NOCH MIR"

DAS ENDE DER KÜNSTLER-LOFTS AM VALENTINSKAMP

„Sechs Meter vor meinem Atelierfenster geht es los", erklärt Wolfgang Werkmeister und deutet auf die riesige Freifläche, die aus seinem großen Atelierfenster zu sehen ist. Dort, wo gerade noch Kinder auf den betonierten Höfen spielten und die Zeitungsmacher ihre Autos abstellten, wird schon in Kürze ein riesiges, neues Büro- und Wohnareal fertiggestellt werden. Ein holländischer Investor hat das innenstadtnahe Gelände gekauft und betreibt die Realisierung des „Neuen Gängeviertels". Das ganze Haus soll entkernt werden, „und hinterher gibt es hier Penthauswohnungen bis ins siebte Stockwerk", erklärt Wolfgang Werkmeister. Er weiß, wovon er spricht. Schließlich lebt der Künstler hier schon seit fünfunddreißig Jahren. Trotzdem kann auch er sich nicht vorstellen, dass diese Idylle, in der hinter liebevoll restaurierten Altbauten und modernster Architektur ein Stück hamburgische Geschichte versteckt ist, schon bald einem sauberen Wohnkomplex weichen soll.

Die meisten der ehemaligen Bewohner aus den Hinterhöfen am Valentinskamp sind längst verschwunden. In den Fluren der engen Treppenhäuser liegen alte Dosen und Flaschen. Es riecht nach verrotteten Lebensmitteln, und an den heruntergekommenen Wohnungstüren kann man den mit Bleistift gekritzelten Vermerk „leer" und das Räumungsdatum lesen. Aus einer der verlassenen Wohnungen ist Hundegebell zu hören, das Ganze wirkt fast gespenstisch.

Ganz so finster sieht es in der Hausnummer 34a noch nicht aus. Hier, in dem ehemaligen Fabrikgebäude, haben sich zwei Mietparteien gehalten und dem Zahn der Zeit getrotzt, solange es ging. Der Radierkünstler Wolfgang Werkmeister und ein Bildhauer sind einfach geblieben: „Ich habe gepokert", gesteht Werkmeister, „allerdings nicht aus Prinzip oder Kampfgeist, ich wusste einfach nicht, wohin ich sollte."

Im dritten Stockwerk, neben abgefallenem Putz und ausgetretenen Treppenstufen, klebt ein Ausstellungsplakat aus dem Jahre 2001. Hinter einer schweren Eisentür verbirgt sich das charmante Wohnatelier von Wolfgang Werkmeister. Wer es betreten darf,

Das Haus, in dem einst hundertfünfzig Menschen täglich ein und aus gingen, steht fast leer.
Nur zwei Künstler sind bis zum Schluss geblieben

„… und irgendwie herrschte hier immer Nachkriegsflair, Hinterhausatmosphäre eben"

Um 1900 ließ Johann C. Amberg das Gebäude im Hinterhof am Valentinskamp erbauen.
Hier wurden Knöpfe, Schnallen, Wagenbeschläge, Pferde- und Kochgeschirr hergestellt

Der Valentinskamp in den dreißiger Jahren

möchte sich einfach nicht vorstellen, dass es dies so nicht mehr lange geben wird. Auf 150 Quadratmetern findet man so ziemlich alles, was sich in vielen langen Lebensjahren angesammelt hatte: Biedermeiermöbel, auf denen stilvollendet der Tee zelebriert wird, finden Platz zwischen Staffeleien, Gitarrenkästen und Notenständern. Die Wand, die den Schlafbereich von der Wohn- und Arbeitsfläche abtrennt, schmückt eine beachtliche Sammlung libanesischer Schattenspielfiguren. Auf einem runden Tisch stehen Unmengen bemalter Holzdosen. „Ich habe ein Faible für alte Hölzer und Patina", gesteht Werkmeister.

Hauptsächlich jedoch sieht es auf 150 Quadratmetern Valentinskamp nach Arbeit aus: alte Schränke, beladene Tische, Schubladen voller Materialien und Werkzeuge, ungezählte Druckplatten, Regale mit Mappen, in denen Graphiken archiviert werden, Farbdosen, Rollen, Lappen und dazwischen zwei historische Kupferdruckpressen von erstaunlichem Ausmaß. Nur dank einer alten Seilwinde, die im Treppenhaus aus ganz alten Zeiten übrig geblieben ist, konnten sie seinerzeit ins dritte Stockwerk gelangen. Damals, in den siebziger Jahren, wurden die Lofts am Valentinskamp wie sauer Bier angeboten und kamen dem Künstler Werkmeister aus mancherlei Gründen wie gerufen. Die 500 Mark Miete im Monat, die damals an die SAGA GWG zu bezahlen waren, nahm er zum Anlass, mit Frau und Kind aus dem beschaulichen Rissen in die Hamburger Innenstadt zu ziehen. Vom „Landleben" hatte er ohnehin genug. Da die Ehe nicht lange hielt, lebte er schon bald allein dort. Eine Zeit, die ihre Spuren in der Wohnung hinterlassen hat. Der uralte Wasserhahn im Flur zum Beispiel: Vergebens probiert man ihn auf- oder zuzudrehen, das Wasser fließt ...

Am Valentinskamp 34a entstand damals dank des Einsatzes der Druckereibesitzerin Maria Lappe eine Gemeinschaft von Künstlern und Kleinhandwerkern, über die heute noch die skurrilsten Geschichten kursieren. Sie leben weiter, auch wenn mit Wolfgang Werkmeister der letzte Bewohner aus dem Hinterhof am Valentinskamp verschwinden wird. Die alten Druckmaschi-

Wolfgang Werkmeister fühlte sich immer von der Prägnanz des Schwarzweißen angezogen

nen, mit denen Maria Lappe ihre Kleindrucksachen fertigte, stehen längst im Museum der Arbeit in Barmbek und erzählen dort von den Ursprüngen des Druckerhandwerks. Maria Lappe war es, die Künstler und Kunsthandwerker damals in die Lofts holte und die für die besondere Atmosphäre im Haus maßgeblich zuständig war. Bei ihr gab es immer eine warme Suppe.

Hier entstanden nicht nur zahllose künstlerische Arbeiten und Ideen, es ging in jeder Hinsicht hoch her. In den besten Zeiten sollen es an die hundertfünfzig Leute gewesen sein, die hier täglich ein und aus gingen und ihr Geld in einem der Kleinbetriebe verdienten. Aber die Individualisten, die die Bewohner allesamt waren, gingen ohne Wenn und Aber ihren Lebensträumen nach: Einer schoss mit Vorliebe auf Tauben und Krähen. Er verfolgte den Plan, dauerhaft Singvögel im Hinterhof anzusiedeln. Dass hierbei auch ab und zu ein Schuss danebenging und das gegenüberliegende Unilever-Hochhaus so manche Fensterscheibe einbüßte, war kein Grund, die Strategie zu ändern. Die Freundin eines Künstlers ließ sich ihre Erfindung, Seidenstoffe in Falten zu legen, patentieren, um mit dem damit verdienten Geld den Hinterhof in eine grüne Oase zu verwandeln.

Ein Relikt aus alten Zeiten: Das Wasser fließt ...

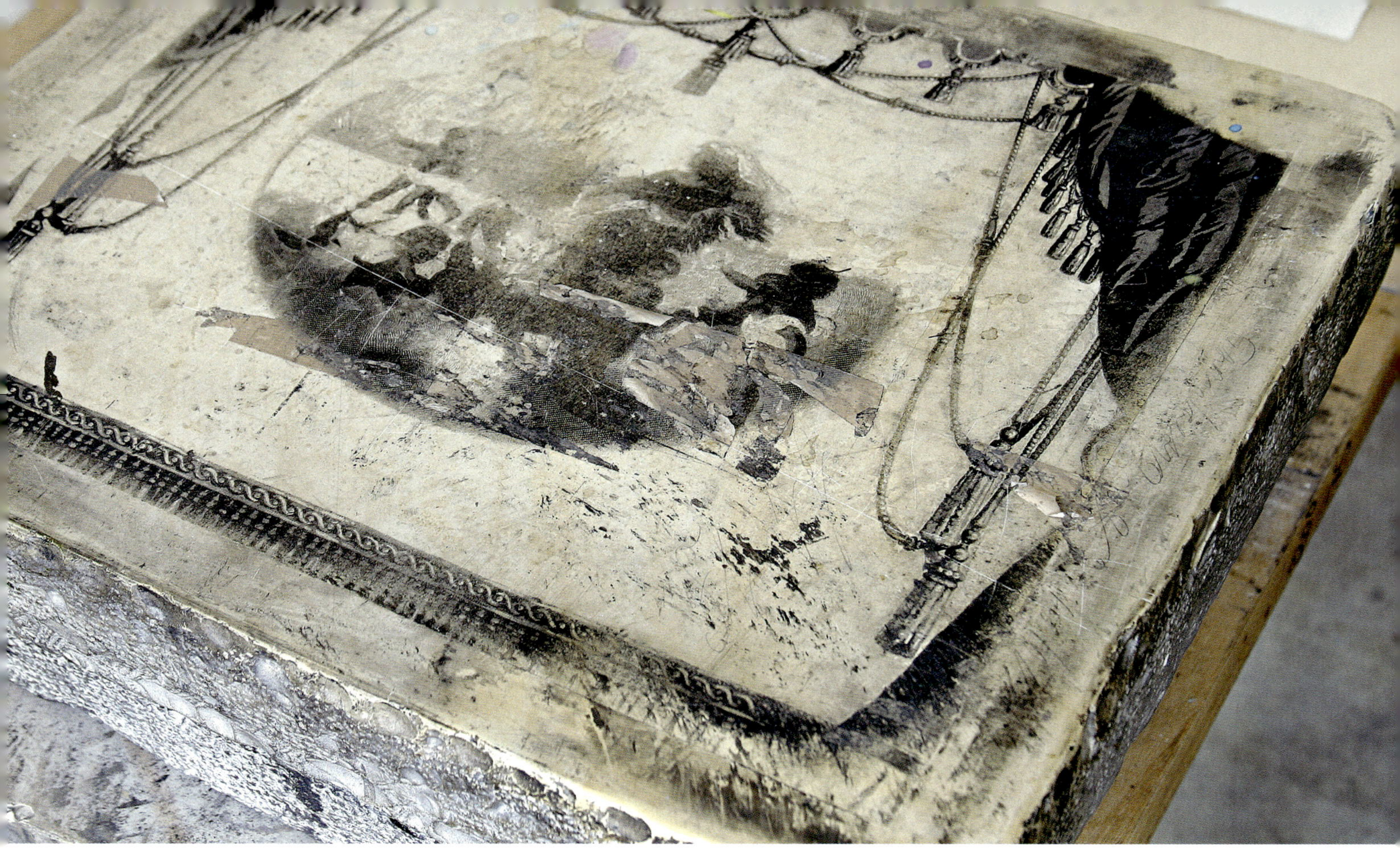

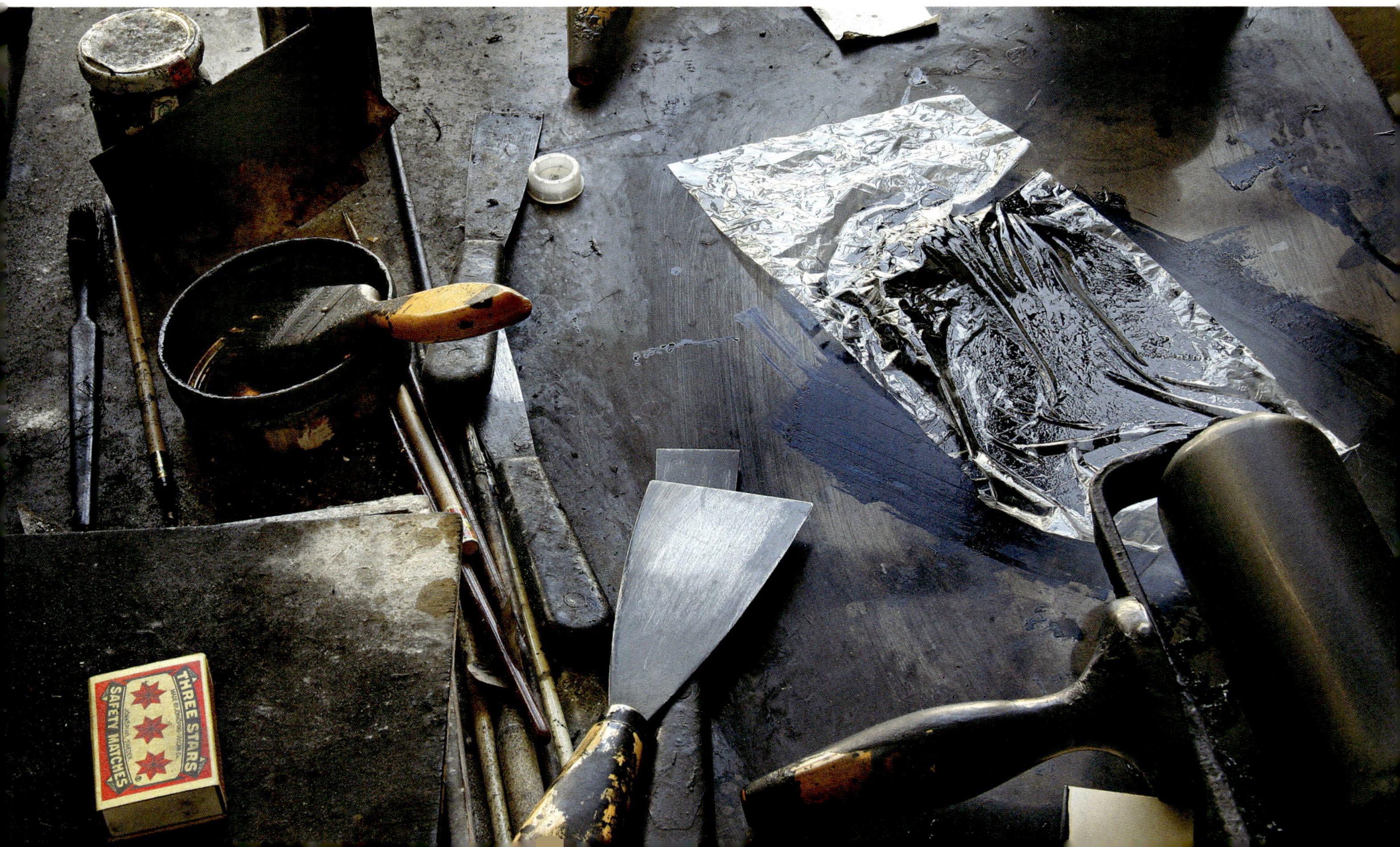
THREE STARS
SAFETY MATCHES

Ein anderer Künstler hatte sich auf das Zeichnen von Stillleben verlegt. Die toten Fische, die hierfür Model liegen mussten, warteten gelegentlich ein wenig zu lange und erfüllten dann das ganze Haus nachhaltig mit beißendem Gestank. In einer Druckerei, zwei Stockwerke tiefer, wurde in den siebziger Jahren Falschgeld gedruckt. Eines Tages fielen verdächtige Überreste im Hausmüll auf, woraufhin der Drucker nach einem polizeilichen Großeinsatz unter Waffen ins Gefängnis wanderte.

Auch der letzte Gürtler Hamburgs betrieb eine Werkstatt am Valentinskamp 34a und verdiente sein Geld mit dem Bau von U-Boot-Toiletten. Die Metallbecken mussten von Hand gedengelt werden und erzeugten ein nicht enden wollendes Klopfgeräusch. An Ruhestunden am Tage war hier demnach nicht zu denken. Der bekannte Bildhauer Edgar Augustin betrieb über Jahre sein Atelier in dem ehemaligen Fabrikhaus, und auch er nutzte die Seilwinde an der Fassade, um Mengen von Ton für Skulpturen in sein Atelier zu schaffen.

Die Künstler und Handwerker, die hier lebten, fühlten sich wohl und wussten einander zu helfen. Und wenn das Geld einmal ausging und auch nebenan nichts mehr zu borgen war, wurde statt Filtertüten auch mal Klopapier zum Kaffeekochen verwendet. Man ging beim Nachbarn ein und aus und unterstützte sich beim Regeln der Katastrophen des Alltags. Und am Heiligen Abend, wenn Maria Lappe ein grünes Tuch über den Packtisch in der Druckerei legte und ein paar Kerzen anzündete, dann war für alle, die da waren, eben Weihnachten.

Die Kontakte zur Nachbarschaft außerhalb des Hauses waren allerdings spärlich, das Viertel war zum Wohnen nicht sonderlich beliebt, zumindest nicht bei den Hamburgern. „Das hier ist ein Musterbeispiel gescheiterter Zivilisation", erklärt Werkmeister, „irgendwie herrschte hier immer Nachkriegsflair, Hinterhausatmosphäre eben." Man kann das nachvollziehen. Den Charme der eng bebauten, heruntergekommenen Hinterhöfe kann man heutzutage vielleicht mögen, früher lebten hier auf engstem Raume viel zu viele Menschen in kleinen, dunklen Wohnungen.

Die alte Seilwinde im Treppenhaus hat die schweren Kupferdruckpressen in den dritten Stock befördert

Wolfgang Werkmeister hat ein Faible für Oberflächenpatina und alte Hölzer

29

„Die Natur ist immer da. Wenn man sie lässt, wie sie wächst, ist alles immer da"

Das fünfstöckige Fabrikgebäude im Hinterhof am Valentinskamp 34a, das um die Jahrhundertwende entstand, war zum Wohnen ursprünglich nicht gedacht. Der Gürtler und Plattierer Johann C.S. Amsberg hatte das Grundstück 1898 erworben und bewohnte mit seiner Familie seit 1900 das repräsentative Vorderhaus. Er ließ im Hinterhof ein stattliches Fabrikgebäude errichten, in dem Knöpfe, Schnallen, Wagenbeschläge, Pferde- und Kochgeschirr hergestellt wurde. Der Valentinskamp und die umliegenden Straßen, die am Rande des großenteils abgerissenen Gängeviertels lagen, war damals ein belebtes Viertel, in dem hauptsächlich Hafenarbeiter lebten.

In den sechziger Jahren änderte sich alles. Mit dem Bau des Unilever-Hochhauses wurde hier „Hamburgs größtes Sanierungsvorhaben nach dem Krieg" umgesetzt. Um den Bau des höchsten Bürohauses in Hamburg realisieren zu können, wurden die historischen Wohnhäuser zwischen Valentinskamp und Dammtorwall komplett abgerissen. Damit ging ein Stück gewachsenes, historisches Hamburg mehr unwiderruflich verloren.

Die Gebäude auf der gegenüberliegenden Straßenseite blieben erhalten und wurden zumindest zur Straße hin größtenteils aufwändig saniert. Vom ehemaligen Viertel blieb jedoch nur ein winziger Teil erhalten: Die Häuser, die man nur durch die schmalen Hofeingänge erreicht, gehören dazu.

Dennoch gab es bis vor ein paar Jahren um die Ecke Läden, in denen man alles bekam, was man zum Leben brauchte. „Die wurden alle weggekündigt", erzählt Wolfgang Werkmeister. Heute fährt er mit seinem Fahrrad zum Einkaufen ins Hanseviertel.

Werkmeister, der zeitlebens von seiner Kunst leben konnte, arbeitet in erster Linie mit der Radiertechnik. „Ich kann mich so schwer von Originalen trennen", erzählt er. Da bot sich das Fertigen von Druckgraphik an, denn die Radierplatten halten die Option für weitere Drucke offen, solange man sie aufbewahrt. „Ich habe noch fast alle Druckplatten hier, die ich jemals gefertigt habe", erzählt Werkmeister. Seine Arbeiten sind immer klar und gegenständlich geblieben. „Es gab Zeiten, da war es kühn, so zu arbeiten", sagt er und fügt hinzu, dass er seinen Stil damals als stille Rebellion gegen den Zeitgeist begriff. Neben seinem großen Hamburg-Zyklus, der 42 Radierungen umfasst, sind Landschaften und Küstenzyklen in den letzten Jahren seine Themen gewesen. Niemals ging es ihm darum, etwas „Hübsches" zu machen, immer fühlte er sich von der Prägnanz des Schwarzweißen angezogen.

Es fällt schwer, die realistischen Naturszenen, die auf vielen seiner Bilder zu sehen sind, mit dem rauen Hinterhofflair am Valentinskamp in Einklang zu bringen. „Viele Arbeiten sind zwar auf Reisen entstanden", erklärt Werkmeister, „aber nicht alle." Inspirieren lässt er sich nämlich auch durch seinen zweiter Lebensmittelpunkt, einem „Naturschauplatz", der mitten in Schleswig-Holstein liegt. Dort hat er sich nicht etwa ein einsames Haus, sondern einfach ein Stück Natur gekauft. Teile des Grundstücks ließ er ausbaggern und legte einen großen Fischteich an. Doch selbst seiner großen Leidenschaft, dem Angeln, frönt er nur fernab des eigenen Stückes Land, denn an seinem Naturschauplatz soll alles leben, was leben will: „Die Natur ist immer da. Wenn man sie lässt, wie sie wächst, ist alles immer da."

Für das Leben in der Stadt trifft dies zumindest im Falle Werkmeister leider nicht zu. Wenn er nach der Sanierung des Hauses wieder in seine Bleibe zurückkehren kann, wird nichts mehr sein wie vorher. Und das Tageslicht, das er zum Arbeiten braucht, wird fehlen, wenn sechs Meter vor seinem Fenster ein siebengeschossiger Neubau steht.

„Ich habe gepokert", sagt Werkmeister, „allerdings nicht aus Prinzip oder Kampfgeist, ich wusste einfach nicht, wohin ich sollte"

„EIGENTLICH WOLLTE ICH IMMER GENAU SO LEBEN, WIE ICH ES JETZT TUE"

DAS ERBE VON RICHARD KOGEL AUS NIENDORF

Man weiß nicht, ob es an der strahlenden Frühlingssonne liegt, die an diesem Tag so herrlich scheint. Jedenfalls wimmelt es im Stadtteil Niendorf von Menschen, die in den Cafés der Einkaufsstraße sitzen oder, mit Taschen und Körben bepackt, durch die Straßen schlendern. Viel ist es nicht, was hier an das alte Dörfchen Niendorf erinnert, das 1927 zur Großgemeinde Lokstedt kam und erst 1937 nach Hamburg eingemeindet wurde, und auch ein paar hundert Meter weiter findet man nur noch vereinzelt Überreste der ehemals dörflichen Struktur. Ein paar alte Häuser säumen die Hauptstraße, trotzdem ist es schwer vorstellbar, dass hier einst die Pferdewagen entlangzogen, denn heute verläuft die Friedrich-Ebert-Straße vierspurig und hat sich mindestens so sehr gewandelt wie ihr Name: von der Pinneberger Straße zur Friedrich-Ebert-Straße, hin zur Adolf-Hitler-Straße und wieder zurück zur Friedrich-Ebert-Straße ... Doch all dies ist lange her.

Vor der Nummer 36 blühen goldgelb die Forsytien, dahinter blitzt die kleine Villa hervor: strahlend weiß gestrichen, mit blauen Fenstern, verwinkelten Erkern und Anbauten. Die Haustür fängt das Licht von außen ein und lässt die farbigen Details der Glasmosaiken in buntesten Farben leuchten. Vom Flur aus fällt der Blick durch einen romantischen Wintergarten auf eine grüne Wiese, hin zu duftendem Flieder in Dunkelviolett, blühenden Apfelbäumen und Johannisbeersträuchern. So weit der Blick schweifen kann, reiht sich auf einer Länge von hundert Metern Gartengrundstück ein paradiesisches Eckchen an das nächste: die blaue Holzbank vor der mit wildem Wein berankten alten Garage, die Hängematte zwischen knorrigen Bäumen, ein Strandkorb und das in alte Fischernetze gehüllte Baumhaus. Ein Fußball fliegt durch die Luft, während Heike Hummelmeier gegen den wuchernden Giersch ankämpft. Die Tomatenpflanzen stehen schon in Reihe. Eine Idylle, und ein Ort, an dem die Geschichte eines Hauses lebendig wird, das in den letzten hundert Jahren permanentem Wandel unterworfen war.

„Ach, da wohnt die ‚Kommune'", hieß es, als die Juristin Heike und der Journalist Andreas Hummelmeier ihr zukünftiges

Als Andreas und Heike Hummelmeier ihr Haus in der Friedrich-Ebert-Straße bezogen, wohnte hier noch „die Kommune"

Während der Renovierungsphase herrschte hier Chaos – doch es hat sich gelohnt.
Aus dem Flur wurde wieder eine Eingangshalle

Für sein Automobil ließ der Erbauer des Hauses 1926 eine Garage errichten. Hier sitzen Hummmelmeiers gern in der Morgensonne

Domizil vor dreizehn Jahren das erste Mal besichtigten. In der kleinen Villa lebte eine Wohngemeinschaft, von den Nachbarn eher gelitten als geduldet. Doch für die Richterin Heike Hummelmeier war es Liebe auf den ersten Blick: „Ich wusste sofort: Hier will ich wohnen!", erzählt sie.

Davon konnte sie weder der ziemlich marode Zustand des Hauses mit schwarz gestrichenen Zimmerdecken noch der verwilderte Garten abhalten, der vor lauter Gestrüpp kaum ein Durchkommen gewährte, dafür aber einen funktionstüchtigen Kühlschrank beherbergte. Als die beiden beschlossen, das berüchtigte Haus zu kaufen, war ohnehin nur die untere Etage frei, alle anderen Zimmer waren an Mitglieder der Wohngemeinschaft vergeben. Doch das störte Heike und Andreas Hummelmeier nicht, vorausgesetzt, ihr Plan ging auf, am Hochzeitstag in die eigenen vier Wände einzuziehen.

Ob dies so überhaupt geschehen würde, erschien in der anschließenden Bauphase jedoch ab und zu fraglich: „Als unter dem Putz der Wände das Stroh herauskam, wurde uns schon ganz anders", gesteht Heike Hummelmeier. Der Renovierungsbedarf wurde immer größer statt kleiner, und „als meine Mutter die riesige Baustelle sah, brach sie in Tränen aus", gesteht die Besitzerin.

Durch die bunten Glasmosaiken der Haustür fällt Licht in allen Farben in den Flur. Das interessiert die Ritter in diesem Moment jedoch nicht im Geringsten

35

Spuren der Vergangenheit – ein Stück der
alten Tapete im Treppenhaus blieb erhalten

Dennoch, das junge Paar ließ sich nicht beirren und zog tatsächlich am Tage der Hochzeit ein. In den folgenden Jahren wurden die beiden Söhne Johannes und Jakob geboren. Die Wohnsituation im Haus änderte sich, und sogar der Student im 38. Semester suchte sich irgendwann eine andere Bleibe. Doch eine Mieterin ist aus der alten Zeit geblieben. Sie lebt in einem Anbau, der ursprünglich der Hühnerhaltung diente.

Die Architektur der kleinen Villa hat ihren ganz eigenen Charme. Sie erzählt von Um-, An- und Ausbauten, die die Geschichte des Hauses ganz offensichtlich zu allen Zeiten begleitet haben. Hier und da führen Treppenstufen in sonderbar verwinkelte kleine Räume oder Kammern. Dort findet sich ganz unerwartet ein zusätzliches Badezimmer mit Füßchenwanne oder ein schmaler Raum, der als begehbarer Schrank genutzt wird.

Im Inneren des Hauses riecht es noch nach frischer Farbe. Gerade erst sind Gerüst und Überreste von Bauarbeiten beseitigt, die allen Beteiligten endlos lang erschienen und schlaflose Nächte bereiteten. Alles, was hier jetzt in neuem Glanz erstrahlt, ist alt und gewachsen, doch mit großer Liebe zum Detail erneuert und wiederhergestellt worden: Und natürlich lief auch diesmal nicht alles nach Plan. So erlebte der Maler, der die Tapeten im Treppen-

Zu Richard Kogels Zeiten ging es auf der Friedrich-Ebert-Straße beschaulich zu. Heute verläuft der Verkehr hier vierspurig (um 1913)

haus entfernte, eines Tages eine schöne Überraschung: Nachdem er mehrere Schichten Wandverkleidung, die Lage für Lage übereinandergeklebt war, abgelöst hatte, stand er plötzlich vor einer durchgehend erhaltenen Tapete, die etwa aus den zwanziger Jahren stammen muss. An einer anderen Stelle waren Malereien direkt auf den Putz aufgetragen. Plötzlich wurde die Geschichte lebendig, warf Fragen auf. Wer war es, der das Haus Anfang des 20. Jahrhunderts bewohnt hatte? Wohin führten diese Spuren?

Andreas Hummelmeier begab sich auf die Suche. Im Bauamt fotokopierte er alles, was von der Bauakte erhalten war. Der umfangreiche Ordner, der Pläne, Zeichnungen und Eintragungen, fein säuberlich in Sütterlin von verschiedenen Amtmännern vorgenommen, enthielt, gab tatsächlich ein wenig aus der Geschichte des Hauses preis: Der Oberpostpraktikant Richard Kogel aus Altona hatte 1913 in Niendorf ein Wohnhaus errichten lassen. Entlang der damaligen Pinneberger Straße im beschaulichen Dörfchen Niendorf waren in diesen Jahren etliche „Neubauten" entstanden. Vielleicht plante er, eine Familie zu gründen, oder er war aus irgendwelchen Gründen zu Geld gekommen. Die Akten geben hierüber keine Auskunft. 1925 jedenfalls, zwölf Jahre nach Baubeginn, kam es zu ersten Umbauten und Veränderungen.

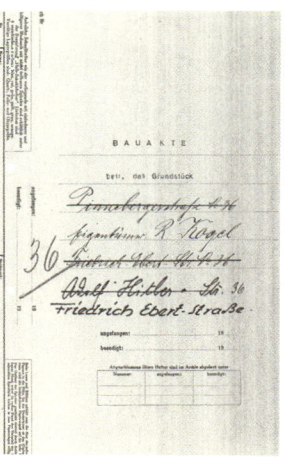

Mithilfe der Bauakte ließ sich ein Teil der Geschichte des Hauses rekonstruieren.

Im Garten findet man auf einer Länge von hundert Metern jede Menge paradiesischer Plätze

Offensichtlich hatte Kogel seine Karriere vorangetrieben. Er war zum Postdirektor auf Widerruf ernannt worden, und vermutlich ging mit dieser Beförderung auch eine höhere Besoldung einher. Vielleicht waren es seine veränderten Vermögensverhältnisse, die es ihm jetzt ermöglichten, sich ein eigenes Automobil anzuschaffen. Jedenfalls stellte er noch im selben Jahr einen Antrag auf einen Garagenneubau direkt neben dem Haus. Dieser war 1926 abgeschlossen. Allerdings musste Richard Kogel sich verpflichten, so die Anweisung der Behörde, Spül- und Waschwasser aus der Garage nicht in die Fäkaliengrube zu leiten, sondern direkt in den umliegenden Boden einsickern zu lassen. Im Jahre 1928 beantragte er einen Ausbau des Kellers mit Anbau und aufliegender „Terrasse", die Ende des Jahres mit einem weißen Geländer versehen wurde, „weil dies vollkommener aussieht und das Betreten des Daches ermöglicht". Die Spur von Richard Kogel verliert sich dann. Er, der über all die Jahre mit größter Sorgfalt Bauantrag für Bauantrag gestellt und ausgeführt hatte, musste laut Akte 1934 auf sein Eigentum verzichten. Was waren die Gründe hierfür? Eine Antwort wird es nicht geben. Aber eine Erinnerung an ihn – seine Tapete. Weiß umrahmt, verleiht sie dem Treppenhaus jetzt eine besondere „historische" Note. Hummelmeiers brachten es einfach nicht übers Herz, Richard Kogels Spuren gänzlich zu verwischen.

Das Um-, An- und Ausbauen lag ganz offensichtlich nicht nur dem Erbauer im Blut. Auch die jetzigen Besitzer haben keine Mühen gescheut, um sich hier ein Umfeld nach ihren eigenen Vorstellungen zu realisieren. „Ich wollte eigentlich immer genau so leben, wie ich es jetzt tue", sagt Heike Hummelmeier. Das kann man nachvollziehen – drinnen wie draußen. Hier möchte man den Sommer verleben, die Gedanken schweifen lassen, ein Buch lesen, und eigentlich möchte man noch viel mehr wissen über Richard Kogel, der sich freuen würde, könnte er sein Haus heute wiedersehen.

Die kleine Villa wurde 1913 gebaut. Jetzt erstrahlt sie in neuem Glanz

„HIER IST MAN NUR MIT DEM ZENTIMETERMASS UNTERWEGS"

DIE INSTENHÄUSER IN KLEIN FLOTTBEK – HAMBURGS ÄLTESTE SOZIALWOHNUNGEN

Schon als kleines Mädchen kannte sie die Instenhäuser in der Baron-Voght-Straße. Onkel Lulu wohnte dort, und Rhea Fiering erinnert sich daran, dass sie als Kind von der Straßenbahn aus fasziniert auf die kleine, reetgedeckten Häuserzeile direkt hinter dem Jenischpark geblickt hatte. „Da lief mit meiner Mutter sogar eine Wette", erzählt sie, denn die bestritt, dass jemals eine Straßenbahn durch Nienstedten gefahren war. Eine historische Postkarte vom Flohmarkt brachte den Beweis. Sie zeigt die alte Straßenbahn, die damals bis nach Blankenese fuhr.

In den zwanziger Jahren, als diese Karte verschickt wurde, war das Leben in Klein Flottbek noch äußerst beschaulich. Die Häuserzeile, bestehend aus elf winzigen Wohneinheiten, hatte Baron Caspar von Voght 1794 erbauen lassen. Sie lag direkt gegenüber der stilvollen Villa, die er selbst bewohnte. Baron Voght hatte die kleine Fachwerkreihe ebenso wie den Jenischpark nach englischem Vorbild errichten lassen und bot seinen Angestellten für damalige Verhältnisse in jeder Hinsicht extrem luxuriöse Unterkünfte. Zudem ermöglichte er den Kindern seiner Tagelöhnern, eine Schulbildung und ließ ihnen gartenbaulichen Unterricht angedeihen. Damit verwirklichte er auch ein soziales Konzept, das in Hamburg zu dieser Zeit keineswegs üblich war.

Noch in den sechziger Jahren herrschte in der Gegend dörfliche Atmosphäre. Am Quellental kaufte man Lebensmittel in der „Produktion" oder bei Herrn Timm. Letzterer betrieb seinen Kolonialwarenladen auf ganz eigene Weise. Bei ihm bekam man alles, und was er nicht im Sortiment hatte, wusste er zu beschaffen. Nachts stand er am Fenster und beobachtete die Sterne. Da störte es auch nicht, wenn man zu später Stunde noch wegen ein paar Flaschen Bier bei ihm anklopfte. Am Hochrad reihte sich ein Geschäft an das andere, die Kühe grasten im Jenischpark, wo man sich auch Milch abholen konnte, und kein Mensch schloss seine Haustür ab. „Die Leute fuhren in die Stadt und ließen ihre Türen offen", erzählt Rhea Fiering.

Heute ist nur noch ein Frisör und ein Tierarzt übrig geblieben. Das letzte Lebensmittelgeschäft schloss vor ein paar Jahren,

Die Straßenbahn führte bis 1956 durch Klein Flottbek

Früher dienten die Instenhäuser Tagelöhnern als komfortable Unterkünfte

Im Instenhaus wohnte auch die Beschließerin des Jenischparks, Frau Geercken. Foto um 1917

41

Rhea und Gerd Fiering leben seit über dreißig Jahren hier

die Gaststätte Beese ist abgerissen worden, und jeder schließt seine Haustür mindestens zweimal ab.

Als Onkel Lulu 1971 starb, zog auch der Rest seiner fünfköpfigen Familie aus, und die kleine Wohnung mit der Nummer 70 wurde frei. Rhea war damals dreiundzwanzig Jahre alt, hatte genug vom Leben in der Kommune und wollte endlich in ihren eigenen vier Wänden wohnen. Doch an die Wohnung heranzukommen war nicht so einfach. Auf ihre Anfrage erhielt sie zunächst die Antwort, die Wohnungen seien nur für Leute vorgesehen, die in den Elbvororten geboren seien. Als sie die Beamten überzeugen konnte, dass auch Ottensen im Grunde zu den Elbvororten gehörte, waren die Wohnungen plötzlich alten Leuten vorbehalten. Da wurde es Rhea zu bunt. Sie schrieb einen Brief an den Bürgermeister, „und schon sieben Tage später war die Bude meine", erzählt sie. Herr Weichmann, damals Bürgermeister der Freien und Hansestadt Hamburg, wünschte ihr sogar alles Gute!

Wenig später zog Gerd, ihr damaliger Freund und späterer Mann, dazu und half mit, das Häuschen in eine Villa Kunterbunt zu verwandeln. Er zimmerte an den einzigen Wohnraum im Erdgeschoss eine überdachte Terrasse, baute das Dachgeschoss aus und schuf sogar noch ein drittes Stockwerk direkt unterm Dach, in dem nichts weiter als zwei Matratzen Platz fanden. Während die übrigen Wohnungen des Hauses jeweils nur über 28 Quadratmeter im Erdgeschoss verfügten, hatte die Nummer 70 als einzige Wohneinheit schon damals ein Gaubenfenster und damit eine Größe von 50 Quadratmetern über zwei Etagen. Kohlen für den Ofen lagerten im Schuppen, ein Bad gab es nicht. Dafür kostete der Spaß auch nur 49 Mark.

Aber wenn der Schornsteinfeger kam und in den offenen Kamin kroch, war die Wohnung hinterher reif für die Renovierung. Da halfen auch die feuchten Tücher nichts die vor den Kamin gehängt wurden. „Einige Nachbarn räumten zu der Gelegenheit immer die ganzen Möbel aus der Wohnung, wegen des Drecks", erzählt Gerd Fiering.

Hier wird jeder Zentimeter genutzt – der Eingangs-, Wohn-, Arbeits- und Küchenbereich

Irgendwann, Ende der achtziger Jahre, als wieder einmal der Schornsteinfeger seine Spuren hinterlassen hatte und frisch gestrichene Wände anstanden, beschlossen die beiden, ein bisschen zu investieren. „So eine kleine Miete können wir auch auf der Spitaler Straße ersingen", resümierten sie und begannen, die Wohnung vollständig zu renovieren. Balken wurden freigelegt und gedämmt, alles wurde in liebevoller Kleinarbeit neu gemacht und von Grund auf saniert.

In der Nacht des 29. Februar 1992 sollte sich allerdings zeigen, dass all die Arbeit umsonst war. Ein Brandstifter, der kurz zuvor schon beim reetgedeckten Restaurant Elbschlosspavillon am Elbufer sein Unwesen getrieben hatte, schoss mit Leuchtmunition ins Reetdach der Instenhäuser. Binnen Minuten brannte das Dach lichterloh. Auch die Feuerwehr konnte nicht mehr viel ausrichten. Vielmehr tat das Löschwasser, das die Wohnungen unter Wasser setzte, sein Übriges. So oder so waren die Wohnungen unbewohnbar geworden. Alle elf Mietparteien mussten bei Freunden oder Verwandten unterkommen, bis die Stadt ihnen Ersatzwohnungen zuteilte.

Pünktlich zum 200. Geburtstag der Häuser sollte die Sanierung durch die SAGA GWG abgeschlossen sein. 1995, ein Jahr später als geplant, konnten die Mieter wieder in ihre Wohnungen zurückkehren. Allerdings hatte sich einiges geändert: Alle

Die kleinen Gärten grenzen direkt an den Jenischpark

Nach der Sanierung beschlossen Fierings,
„in echt" zu machen

Wohnungen hatten jetzt ein ausgebautes Dachgeschoss, einen Wintergarten sowie Bad und Toilette erhalten. Für Fierings war dies keine große Veränderung, denn all dies hatten sie selbst in mühevoller Kleinarbeit in Selbstleistung in ihr altes Häuschen eingebaut. Nun konnten sie lediglich von der Gaszentralheizung „profitieren" – und der neuen Miete, die nicht mehr auf der Spitaler Straße zu ersingen war. Trotzdem zogen Fierings, wie fast alle der ursprünglichen Mieter, zurück in ihr altes Domizil. Man war einfach zusammengewachsen in all der Zeit.

Heute sieht Fierings Wohnung aus wie eine Puppenstube oder ein kleines Heimatmuseum. Wenn man die Wohnung betritt, fällt man im wahrsten Sinne des Wortes mit der Tür direkt ins Haus. Mit einem Blick hat man Küche, Wohnstube, Büro und Garten erfasst: alles quasi in einem Raum. Die spärliche Quadratmeterzahl ist optimal ausgenutzt. „Hier bist du nur mit dem Zentimetermaß unterwegs", sagt Rhea Fiering. Eine ungewöhnliche antike Sitzgruppe fällt auf. Sie stammt aus einem Apothekerhaushalt im Harz, der ganz offensichtlich seinen Möbeln größte Schonung hatte angedeihen lassen. Sogar die Fußkissen wirken gänzlich unbenutzt.

Nach der Sanierung hatten Fierings beschlossen, „in echt" zu machen und sich diese Sitzgarnitur in ungewöhnlichem Design zugelegt. Es ist faszinierend, wie die beiden auf engstem Raume eine Unzahl von Kuriositäten, Antiquitäten und individuellen Details untergebracht haben. Über dem Sofa hängen stilecht Fotos der Großeltern. Gerd Fiering kommt aus Schleswig-Holstein und hat ein altes Spinnrad sowie viele kleine, bäuerliche Erinnerungsstücke beigesteuert Das alte Deckengebälk wurde zum Beispiel mit echten Delfter Kacheln bestückt. Aber auch ein kleines Regal mit einer Sammlung von Milchkännchen in Kuhform versprüht einfach Charme. Mehr geht auch nicht.

„Für eine Postkartensammlung langt der Platz gerade", erzählt Rhea Fierung. Das Erstaunliche ist aber, dass ganz offensichtlich noch viel mehr hier gesammelt und archiviert wird. Aus Schubladen und Schränken tauchen plötzlich Ordner und Map-

Platz ist in der kleinsten Hütte –
für die historischen Puppen wurde eigens
eine Vitrine in die Wand gesetzt

pen auf, in denen sorgfältigst Zeitungsartikel, Aufsätze und Fotos zu bestimmten Themen gesammelt und abgeheftet werden. Und es dauert keine zwei Minuten, bis die entsprechenden Dinge gefunden sind. Ein Wunder!

Die Puppe, die auf der Sofalehne sitzt, hätte man fast übergehen können bei all den Puppen, die man in der Vitrine neben dem Eingang bewundern konnte, hätte nicht auch sie noch eine besondere Geschichte, die sich in Klarsichthüllen aus dicken Ordnern in kleinen Schränken auf Anhieb dokumentieren lässt: Rhea hatte die Puppe vor vielen Jahren geschenkt bekommen, allerdings befand sie sich in erbarmungswürdigem Zustand. Und weil sie das nicht mit ansehen konnte, vereinbarte sie einen Termin beim Puppendoktor. Die Restaurierung des Puppenkopfes brachte ein interessantes Detail aus deren Lebensgeschichte im wahrsten Sinne des Wortes „ans Licht". Im Puppenkopf steckte uraltes Zeitungspapier. Zusammengeknüllt sollte es offenbar das aufgespannte Kopfhaar von innen abpolstern. Zum Vorschein kamen zwei Zeitungsstücke aus unterschiedlichen Jahren: eines aus dem Jahr 1908 und das andere aus dem Jahr 1918. Die Frage, warum die beiden Papierstücke im Abstand von zehn Jahren im Puppenkopf ihre letzte Ruhe fanden, muss ungeklärt bleiben.

So auch die Geschichte des kleinen charismatischen Jungen mit den unvergesslichen Augen, der auf einer gerahmten Zeichnung zu sehen ist. Warum das Bild original verpackt auf einem Dachboden stand und ganz offensichtlich nach Fertigstellung niemals ausgepackt wurde, bis es in Fierings Hände gelangen sollte, wird immer ein Rätsel bleiben.

Das Leben in den Instenhäusern ist voller Geheimnisse. Dass Rhea und Gerd Fiering sie ergründen möchten, macht den Charme ihrer Wohnung aus.

Milchkannen, alte Kacheln, Puppen ...
Hier erinnert vieles an früher

Bei Fierings gibt es Geschichten im Überfluss

Der kleine Wintergarten wurde
nach der Sanierung zur
Gartenseite hin angebaut

„WIR HABEN DAS HIER ZU UNSEREM VIERTEL GEMACHT"

WO EINST DER BÜRGERMEISTER WOHNTE – DIE MÜNZBURG AM KLOSTERTOR

Eingerahmt von Bahngleisen der S- und Fernbahn auf der einen und großen Ausfallstraßen auf der anderen Seite, liegt ein Haus, das mit seiner aufwändig geschmückten Fassade, mit Türmchen, Erkern, Giebeln, Schmuckornamenten, Steinskulpturen an architektonischer Raffinesse kaum zu überbieten ist. Die denkmalgeschützte Münzburg, ein imposanter Backsteinbau von 1886, gehört zum Stadtteil Klostertor. Wie ein Schloss, eine Trutzburg oder eine Festung aus vergangenen Tagen steht das monumentale Gebäude in direkter Nachbarschaft von Bahnschienen, die den Hamburger Hauptbahnhof mit dem Rest der Welt verbinden.

Jeder Zugreisende, der einen Blick aus dem Fenster wirft, muss bei diesem Anblick einfach kurz innehalten, ehe er sich seinem Fahrziel nähert – doch kaum jemand kennt das kleine Stadtviertel hinter dem Hauptbahnhof mit seiner wechselvollen Geschichte und einem Haus, das in seiner ganzen Besonderheit so kein zweites Mal in Hamburg zu finden ist. Etwa tausend Bewohner, ein paar gründerzeitliche Wohnzeilen, Gewerbe, Brachland und eben die Münzburg erwarten den Vorübergehenden, der sich jedoch nur selten hierher verirrt, auch wenn der Weg vom Hauptbahnhof nur kurz ist. Die Touristen tummeln sich lieber auf der Kunstmeile oder biegen in die Spitaler Straße zum Shoppen ein, zum Münzplatz zieht es jedenfalls kaum jemanden.

Eher ärmlich wirkt das kleine Quartier, vergessen eben. Und dies, obwohl allein die Münzburg, die Perle dieses kleinen Stadtteils, in jeder Hinsicht ein architektonisches Wunderwerk ist, denn ihr Charakter und jedes Detail in Fassade, Treppenhaus und Wohnungen ist sehens- und bemerkenswert. 38 Wohnungen in unterschiedlichsten Größen und Zuschnitten werden hier von Mietern bewohnt, einige davon gewerblich genutzt: ein Café, eine Galerie, ein Kunstraum.

Als der Architekt und Bauunternehmer Martin Brekelbaum zwischen 1880 und 1886 einen Bau im Stile der „Hannoverschen Schule" aus vier auffälligen Ziegelbauten um einen Innenhof anlegte, war die Gegend, in der heute kaum ein grünes Fleckchen mehr zu finden ist, eine Gartenlandschaft allererster Güte. Bereits

Zwischen Bahngleisen und Ausfallstraßen liegt die Perle des Münzviertels: die Münzburg

In der Bürgermeisterwohnung lebt heute eine Wohngemeinschaft

49

Die Münzburg mit ihrem prächtigen Treppenhaus wurde 1886 fertiggestellt

Die Münzburg wurde vor zwei Jahren
aufwändig saniert

in der Zeit des Barock hatte man am heutigen Münzplatz Lust-gärten angelegt, der Geestrand am Besenbinderhof zur Hammer-brooker Marsch wurde von Hamburger Bürgern für den Bau von Landhäusern und riesigen Gartenanlagen genutzt. Hier war noch vor hundertfünfzig Jahren feudales Wohnen angesagt. Und die Münzburg weiß bis heute davon zu erzählen: Ein Treppenhaus, das sich serpentinenartig nach oben schlängelt und geradezu sakral wirkt, führt im ersten Stockwerk zur sogenannten Bürger-meisterwohnung. Treppenstufen aus dunkelgrauem Granit, fili-gran gemusterte Kacheln auf den Treppenabsätzen, gotische Fens-ter und verzierte Säulen. Alles aufs Künstlerischste mehrfarbig ausgestaltet, doch nur ein Vorgeschmack auf das, was sich der Ar-chitekt und Bauherr für den Wohnbereich des Herrn Bürger-meister ausgedacht hat: Holzstuck an den hohen Decken, kunst-voll gelegtes Parkett, ein Fenstererker mit Säulen, durch den viel Licht ins Zimmer fällt, aufwändig verzierte Zwischentüren. Das Ganze auf 167 Quadratmetern.

Kein Wunder, dass Michael Gobbert, der hier seit acht Jah-ren wohnt, zunächst nicht richtig wusste, was er von alldem hal-ten sollte, was er da sah. „Als ich die Wohnung zum ersten Mal betrat, war ich zugleich überrascht und irritiert", erzählt er. „Ich wusste nicht, ob das Ganze echt, skurril oder kitschig ist." Sein Mitbewohner Daniel Kleinhanß fühlte sich anfangs von all dem Prunk förmlich erschlagen. Die Familie des Vormieters, ein alter Mann, hatte drei Generationen lang dort gelebt. Solche Lang-zeitmieter gibt es hier heute nicht mehr. Die Fluktuation in den Wohnungen, die meist von Studenten oder Künstlern bewohnt sind, ist groß. Immer wieder sieht man neue Gesichter. Nette Begegnungen im Treppenhaus sind zwar an der Tagesordnung, aber „keiner würde auf die Idee kommen, sich beim Einzug in allen Etagen vorzustellen", erzählt Michael Gobbert. Nach der aufwändigen Sanierung, die die SAGA GWG vor zwei Jahren ab-schloss, sind die Karten im Haus fast völlig neu gemischt worden. Nur zwei oder drei der ursprünglichen Mieter kehrten in ihre Wohnungen zurück, die sie für ein halbes Jahr verlassen mussten.

Säulen, Holzstuck, verzierte Türrahmen, kunstvoll gelegtes Parkett – in der Bürgermeisterwohnung findet man Prunk ohne Ende

Die Bürgermeisterwohnung hat ihren Charme auch nach der Renovierung bewahrt, und die Mieter haben ihn mit ihrem eigenen Stil belebt: individuelle Arrangements, asiatisches Mobiliar und Design sowie Kunstobjekte. Vor den aufwändig verzierten, repräsentativen Kachelöfen stehen Figuren und Objekte, geschnitzte Paravents unterteilen weitläufige, ineinander übergehende Räume. Die asiatischen Möbel und Accessoires kamen einst über Verwandte ehemaliger Mitbewohner in die Wohnung, und blieben – auch nachdem ihre Besitzer längst ausgezogen waren. Denn die Ehemaligen kehren immer mal wieder in die Münzburg zurück. Und die WG-Küche ist eben immer noch das, was sie in jeder Generation war: der Treffpunkt für alle.

Von einem Holzpodest im Schlafzimmer von Michel Gobbert fällt der Blick in den verwinkelten Hinterhof. Eine mit Schnitzereien verzierte Holzbank ist in die Fensternische eingebaut. Man weiß nicht, ob der Herr Bürgermeister seinerzeit von dort aus das Geschehen beobachtet hat. Schon möglich, denn damals, zwischen 1880 und 1886, war der Münzplatz ein zentraler Ort in Hamburg. Die Münzprägeanstalt, die 1875 hier erbaut wurde, gab dem Viertel seinen Namen. Die meisten der hier ansässigen Bürger hatten jedoch mit dem städtischen Großmarkt am nahe gelegenen Deichtor zu tun. Das ganze Leben im Münzviertel war maßgeblich geprägt vom Geschehen in und um die beiden Deichtorhallen und der Markthalle, die heute der Freien Akademie der Künste und einigen anderen Kunststätten Raum bietet.

Die Fassade der Münzburg ist mit
Türmen, Erkern, Giebeln und Ornamenten
aufwändig gestaltet

Viele der Bewohner arbeiteten damals dort, die Keller im Viertel dienten der Obstlagerung, und es gab reichlich Kneipen- und Straßenleben.

Das änderte sich nach dem Zweiten Weltkrieg. Am Münzviertel, das von den Kriegsgeschehnissen schwer in Mitleidenschaft gezogen war, ging der Wiederaufbau nach Kriegsende weitgehend vorbei. Die Baulücken sind teilweise noch heute zu sehen. Stattdessen entstanden Verkehrstrassen, die den kleinen Stadtteil zunehmend isolierten und ins Abseits drängten. Auch das Gebäude, das die Münzprägeanstalt einst beherbergte, fiel nach dem Krieg dem Abriss anheim. Jahrelang von der Stadt und allen Planungen ausgeschlossen, galt das Münzviertel als ärmlich, sozial schwach und zerrissen. Verwahrlosung, Kriminalität, Drogenmissbrauch waren die Schlagworte.

Doch seit einigen Jahren kommt Bewegung in den Stadtteil. Der bildende Künstler Günter Westphal, seit 1988 Bewohner der Münzburg, und andere Anwohner kämpfen gegen den Ruf, der ihnen vorauseilt – und sie arbeiten dagegen. Sie nutzen den kreativen Freiraum, ihr künstlerisches Potenzial sowie die günstigen Mieten und entwickeln eigene Konzepte, um den Zusammenhalt im Stadtteil zu stärken. Seit einigen Jahren mit wachsendem Erfolg, denn die, die Initiativen entwickeln und Straßenfeste organisieren, haben längst Einzug in politische Gremien gefunden und nehmen an der Gestaltung ihres Viertels auch auf diesem Wege teil. Und was liegt näher, als eigene Kunstaktionen und Aktivitäten an die Geschehnisse auf der Hamburger Kunstmeile anzugliedern. Die renommierte Galerie Renate Kammer machte 1989 im Münzviertel den Anfang. Das KubaSta, ein Raum für Kunst/Bauen und Stadtentwicklung, und die Münzviertel-Initiative arbeiten an gemeinsamen Projekten. Und auch wenn die Münzviertler heute über fehlende Geschäfte des täglichen Bedarfs und mangelnde Ausgehmöglichkeiten klagen und sich eher nach St. Georg orientieren, haben sie das Viertel in all den Jahren zu ihrem Stadtteil gemacht, „denn hier wohnen noch mehr so schräge Vögel wie wir", sagt Michael Gobbert.

Diejenigen im Quartier, die dafür kämpfen, dass ihre Visionen im Münzviertel Wirklichkeit werden, bringen ihre Pläne mit viel Engagement und großer Leidenschaft vor. Damit knüpfen sie noch einmal an eine Tradition an: Die Worte des Hamburger Senators und Lyrikers Bartolds Hinrich Brockes (1680–1747) machen die Arbeit der Initiatoren, ihre Pläne, Visionen und Initiativen nicht nur wertvoll, sondern auch poetisch. Eines seiner Gedichte aus dem Jahre 1721 begleitet ihre Arbeit einfach zutreffend:

„Nicht nur der Himmel Raum,
nicht nur der Sonnen Schein,
nicht der Planeten Größ' allein.
Ein Stäubchen ist bewundernswert."

Die WG-Küche ist das, was sie immer war: der Treffpunkt für alle

Der historische Kachelofen dient nur noch der Zierde. Die Kamine wurden abgebaut

„WER RASTET, DER ROSTET"

IM ALTEN LAND HAT SICH VIELES VERÄNDERT – DOCH DIE GESCHICHTE HAT IHRE SPUREN HINTERLASSEN

Unter startenden Flugzeugen und vorbei an endlosen Baustellen – das südliche Elbufer muss derzeit gigantischen Veränderungen standhalten ... welch eine Wohltat, endlich in den kleinen Obstweg nach Neuenfelde einzubiegen und sich inmitten blühender Obstbäume in Richtung Deich zu bewegen. Plötzlich scheint Ruhe und Frieden zu herrschen, auch wenn die Neuenfelder mit Protesttransparenten an ihren Häusern darauf hinweisen, dass sie sich mit den Entwicklungen, die Hamburg hinter dem Elbdeich vorantreibt, keineswegs abgefunden haben.

Trotzdem wirkt das Obstdorf hinterm Deich beschaulich: die schöne alte Kirche, liebevoll restaurierte Häuser, wunderschöne Gärten, gerade im Frühling und ganz besonders zur Obstblüte. Kein Wunder, dass das weiße Blütenmeer, in das sich die Obstplantagen dann verwandeln, jedes Jahr aufs Neue Touristen und Ausflügler in Massen anlockt. Per Rad oder zu Fuß werden, wenn die Kirschen- und Apfelbäume sich ihr schönstes Kleid anziehen, die Deiche, Brücken und Obstwege erstürmt.

Auf dem Palm'schen Hof scheint die Zeit auf den ersten Blick stehen geblieben zu sein. Der kleine Feldweg vor dem Haus ist links und rechts von blühenden Kirschbäumen gesäumt, darunter blitzt das strahlende Gelb des Löwenzahns auf dem ersten satten Grün.

Man kann dort nicht vorbeifahren, ohne in Entzücken zu verfallen, denn was man sich im klassischen und vor allem im allerschönsten Falle unter einem Altländer Hof vorstellt, findet man hier. Vor mehr als dreihundert Jahren begann seine Geschichte. Und auf den ersten Blick sieht alles noch aus wie früher: Hinter der gepflasterten Hofeinfahrt herrscht geschäftiges Treiben. Otto Palm, der mit seiner Frau Lisa auf dem Altenteil lebt, hat seine halbstündige Mittagspause beendet, doch bevor es wieder an die Arbeit geht, führt er uns über den Hof. Das kunstvoll gefertigte Fachwerk ist ebenso typisch für die Gegend wie die Prunkpforte, die zu den großen Bauernhöfen gehörte und in Neuenfelde, in Cranz oder Nincop noch hier und da zu sehen ist. Hier ist sie mit prächtigen Schnitzereien verziert und soll aus dem Jahre 1619

Ein Leben lang im Alten Land – Lisa und Otto Palm

Die Geschichte des Palm'schen Hofes
begann vor mehr als dreihundert Jahren

Hunderttausend Obstbäume brauchen eine Menge Pflege

stammen. So sagt es die Inschrift. Ursprünglich für einen der Nachbarhöfe erbaut, wurde die kunstvoll gearbeitete „Puurt", wie die Neuenfelder ihre prachtvollen Zugänge auf Platt nennen, Anfang des 19. Jahrhunderts auf den Palm'schen Hof versetzt. Angeblich sollen Holzreste, die beim Bau der Neuenfelder Kirche übrig geblieben waren, das Material geliefert haben. Weil die Kirche jedoch später fertig gestellt wurde, kann das Entstehungsdatum aber eigentlich nicht ganz stimmen. „Wahrscheinlich hat der Maler die beiden letzten Zahlen vertauscht", mutmaßt Otto Palm. Und er muss es wissen, denn die Geschichte seiner eigenen Familie spielt sich seit mehr als zweihundert Jahren auf diesem Stückchen Erde ab. Er selbst wurde 1928 hier geboren. In dem monumentalen Bauernhaus, in dem noch zu seiner Zeit Mensch und Tier gemeinsam unter einem Dach lebten, wuchs er mit vier Geschwistern auf. Pferde und Kühe waren im hinteren Teil des Hauses untergebracht, die Familie lebte im vorderen, so wie es in den Niedersachsenhäusern üblich war. Otto Palm erinnert sich an eiskalte Temperaturen, die hier im Winter herrschten.

Wenn er mit seinen drei Brüdern abends ins bitterkalte Schlafzimmer kam, waren die Bettdecken teilweise vereist. Da half nur
noch ein im Ofen angewärmter Stein, der den Jungen ins eisige
Bett gelegt wurde. Die Familie lebte vom Vieh, von Rüben, Kartoffeln und natürlich dem Obstanbau.

Das Leben der einst wohlhabenden Bauern im Alten Land
war zu allen Zeiten eng verbunden mit harter Arbeit und mit den
Launen der Natur. Immer wieder brachen die Deiche bei Sturm-
fluten, und unzählige Male in der Geschichte mussten die Altländer sich ihren Wohlstand wieder neu erkämpfen. Die große
Flut von 1962, in der weite Teile südlich der Elbe schwerste Schäden erlitten, bleibt für alle Altländer, die sie miterlebt haben, bis
heute unvergessen: „Dass da was kommen würde, hatten wir ge-
ahnt", erzählt Otto Palm. Schon Tage vor den Deichbrüchen war
es stürmisch gewesen, das Wasser war nicht mehr abgelaufen. Am
Abend vorher schmiedete die Familie Pläne, was zu tun sei, wenn
das Wasser kommt. Seine Frau und die Kinder flüchteten in die
Geest, und Otto Palm blieb zurück, um zu retten, was zu retten
war. „Die Schweine stiegen in ihren eigenen Fresstrog", erzählt er.
Sie hatten gespürt, dass das Wasser kam. Ein Pferd nahm er vor-
sichtshalber mit in die Wohnung. Aufgrund seiner erhöhten Lage
blieb der Hof einigermaßen verschont, im Nachbardorf stand das
Wasser allerdings zwei Meter fünfzig hoch, „und das Schlimmste
war, man wusste nicht, was noch kommen würde", erinnert sich
Otto Palm. So oder so war die ganze Gegend schwer getroffen.
Überall schwamm totes Vieh im trüben Wasser, der Deich hatte
an unzähligen Stellen den Wassermassen nicht standhalten können. „Es war trostlos", erzählt Otto Palm.

Der Elbdeich, der nach der Flut erbaut wurde, sollte mehr
Sicherheit bringen. Ihm fielen aber auch die vielen kleinen Häfen
zum Opfer und damit auch das Fischereigewerbe. Der Obstbau
wurde damit einmal mehr zum wichtigsten Erwerbszweig im
Alten Land. Und das ist er bis heute geblieben.

Auch Otto Palm ist Obstbauer, und das aus Passion. Wenn er
sich irgendwo hinsetzt, dann am ehesten an seinen Schreibtisch

Seit mehr als zweihundert Jahren spielt sich die Familiengeschichte von Otto Palm auf dem Palm'schen Hof ab
(Foto Ende 19. Jahrhundert).

Die Sturmflut von 1962 hat im Alten Land schwere Schäden
angerichtet. Otto Palm nahm sogar ein Pferd mit in die
Wohnung, um es vor dem Ertrinken zu retten

Der Obstanbau ist im Alten Land
zum Industriezweig geworden

im Wohnzimmer, und auch nur, um am Telefon irgend etwas zu organisieren. Zeit für lange Gespräche hat er eigentlich nicht. Überall wartet Arbeit. „Wer rastet, der rostet", lautet die Devise des fast Achtzigjährigen. Hunderttausend Obstbäume brauchen eine Menge Pflege. Ein- bis zweimal pro Jahr müssen sie beschnitten und etliche Male gespritzt werden. Und zwar nach exakten Vorgaben. Otto Palm führt wie alle Altländer Obstbauern genauestens Buch. Tag für Tag hält er fest, welche Menge von welchem Mittel bei welcher Windrichtung gespritzt wird. Da die Mittel heute nicht mehr so stark sind, erklärt Otto Palm, müssen die kurzstämmigen Bäume öfter behandelt werden. Bis zu zwölfmal pro Jahr, ohne Handschuhe, ohne Maske. „Und ich bin kerngesund", versichert er glaubhaft und fügt verschmitzt hinzu: „Vielleicht liegt das aber auch daran, dass ich mindestens drei bis vier Äpfel täglich esse."

Das geerntete Obst wird in riesigen, modernen Hallen gelagert. Vor dem Verkauf werden die Äpfel über Fließbänder geschickt und nach Größe sortiert. Der Obstbau ist im Alten Land längst zum Industriezweig geworden.

Durch die historische Pforte kommt heute
kein Lastwagen mehr durch. Sie
steht deshalb neben der Hofeinfahrt

OTTO PALM
1884

RESPICE
FINEM
Bedenke
das Ende

RTA PATENS
offenstehende Pforte

EST

Beim Wiederaufbau des denkmalgeschützten Hofes wurde jedes Fach der Fassade originalgetreu rekonstruiert. Natürlich durfte auch die Brauttür nicht fehlen

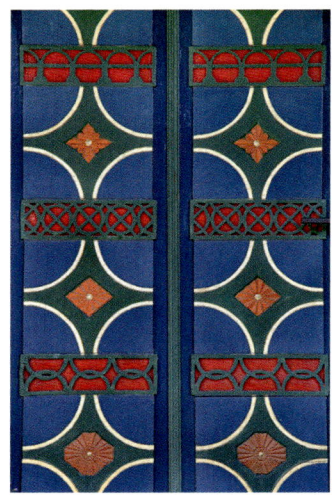

Bunt bemalte Türen sind typisch für die Höfe im Alten Land.

Und das sieht man den Höfen auch an. Riesige Hallen und breite Einfahrten lassen erahnen, in welcher Größenordnung das Obst hier auf den Weg gebracht wird. Auch auf dem Palm'schen Hof sind es nur noch Fassade und Pforte, die an die gute alte Zeit erinnern. Und hierfür sind hauptsächlich die Auflagen des Denkmalschutzamtes verantwortlich. Als der Hof 1984 komplett abgerissen und neu aufgebaut wurde, musste die historische Fassade des denkmalgeschützten Gebäudes bis ins Detail originalgetreu wieder aufgebaut werden. „Jedes Fach wurde fotografiert und hinterher exakt rekonstruiert", erzählt Lisa Palm. Das Dach erhielt wieder ein Reetdach, und die historische Brauttür wurde rekonstruiert, selbst wenn sie ihren ursprünglichen Zweck heute längst nicht mehr erfüllt. Sie, die im Palm'schen Hof heute keinen Zugang zum Haus mehr gewährt und damit wie eine Attrappe in der Fassade steht, hat im Alten Land eine lange Tradition. Nur zweimal wurde sie in einem Bauernleben benutzt: am Tage der Hochzeit, um die Braut hineinzutragen, und nach ihrem Tod, um sie wieder hinauszutragen. Vieles ist jedoch geblieben wie eh und je. Zum Beispiel der Apfelsaft – in der Nachbarschaft gepresst und seit jeher köstlich. Oder die Nachnamen: Noch immer muss man im Alten Land mindestens einen, wenn nicht zwei Vornamen erwähnen, wenn man jemanden mit dem Namen Quast meint. Oder der Altländer Stuhl. Irgendwo findet man ihn in fast jedem Altländer Haus.

Und der Palm'sche Hof, der heute von Sohn und Schwiegertochter bewohnt ist, wird sicherlich auch in der nächsten Generation in der Familie bleiben. Jedenfalls scheint das so, denn die Enkel haben sich schon dem Obstbau verschrieben.

Im Alten Land hat sich vieles verändert – doch die Geschichte hat ihre Spuren hinterlassen.

Der Altländer Stuhl gehört auf jeden Hof – kunstvoll verziert und bunt bemalt

„ICH LASSE AUF WILHELMSBURG NICHTS KOMMEN"

GESCHICHTEN AUS DEM „LAUBFROSCH" IN DER VERINGSTRASSE

Dem lang gestreckten Mietshaus in der Veringstraße 50 sind die Jahre nicht anzusehen. Die ungewöhnliche Architektur einer Art-déco-Fassade wirkt sehr zeitgemäß – fast wie ein moderner Neubau. Doch das Haus, das in den zwanziger Jahren errichtet wurde und seit einiger Zeit wieder in kräftigem Mintgrün erstrahlt, hat fast neunzig Jahre Wilhelmsburger Geschichte zu erzählen. „Laubfrosch" wurde es früher von den Mietern genannt, und jeder in Wilhelmsburg wusste, was gemeint war. Seit der Renovierung durch die SAGA GWG fällt es einmal mehr ins Auge, denn auch die schmalen Stege, die über den kleinen Bach zu den Hauseingängen führen, sind so ungewöhnlich wie reizvoll.

Sechzig Jahre lang wohnt die siebenundachtzigjährige Marie Rackelbusch im ersten Stockwerk links. Vor der grün-weiß gestrichenen Wohnungstür hängt ein liebevoll gehäkelter Vorhang. Der Fußboden in Flur und Küche sorgt sofort für Gesprächsstoff, denn er ist ein echter Hingucker und eigentlich fast ein Kunstwerk. In allen Farben sind hier kleine Stücke Linoleum mosaikartig aneinandergelegt. Seit der Sturmflut von 1962 ist er Bestandteil der Wohnung, und natürlich hat er eine ganz besondere Geschichte: Nach den Überflutungen, die in den Untergeschossen des Hauses große Schäden angerichtet hatten, mussten neue Fußböden gelegt werden. Die Handwerker scheuten sich, die wertvollen Linoleumreste einfach wegzuwerfen, und schlugen Familie Rackelbuch vor, daraus einen Boden in der Wohnung zu verlegen. „Die haben uns fast dazu überredet", erzählt Marie Rackelbusch.

In den Jahren, die die Mieterin hier verlebt hat, ist viel passiert. Nicht nur im Haus, in dem heute nur noch zwei langjährige Bewohnerinnen übrig geblieben sind, auch in Wilhelmsburg selbst, dem flächenmäßig größten Stadtteil Hamburgs, hat die Vergangenheit ihre Spuren hinterlassen. Mitten im Zweiten Weltkrieg mieteten ihre Eltern die Wohnung in der Veringstraße. Maries Mann war damals bei der Marine und sie selbst hochschwanger. „Das war eine tolle Wohnung", schwärmt Frau Rackelbusch, denn sie war mit ihren 75 Quadratmetern und drei Zimmern nicht nur ziemlich geräumig, sondern besaß auch ein richtiges

Wegen des grünen Anstrichs hieß das denkmalgeschützte Haus mit Art-déco-Fassade früher nur „der Laubfrosch"

63

Im gepflegten Hinterhof der Veringstraße 50 wurden nach dem Krieg Kleintiere gehalten

Früher wimmelte es im
Hinterhof von Kindern,
die hier spielten

Der mosaikartig gelegte Linoleumfußboden in
Flur und Küche hat eine besondere Geschichte.
Er entstand kurz nach der Sturmflut von 1962

Badezimmer – damals ein absoluter Luxus. Wenige Wochen nach
dem Umzug kam dann im heutigen Esszimmer auch ihr erstes
Kind zur Welt. In der Küche stand ein riesiger Herd, der mit Holz
und Briketts beheizt wurde. Dort wurden nicht nur die Mahlzeiten zubereitet, sondern auch Windeln und Babywäsche ausge-
kocht. Der Weg zum Bunker war nur kurz, und so lief sie in zahl-
losen Bombennächten mit ihrem Baby im Arm durch die Straßen
und suchte dort zusammen mit vielen Anderen Schutz. Im Hof
hatten Bomben ihre Spuren hinterlassen, etliche Häuser in der
Umgebung waren stark beschädigt oder unbewohnbar geworden.
„Aber uns interessierte in dieser Zeit eigentlich nur, wo wir zu
essen herkriegten", erinnert sie sich. Das änderte sich auch in der
Nachkriegszeit nicht, und so nutzten die Rackelbuschs, wie viele
andere Mieter in den Wohnungen des „Laubfroschs" auch, die
Möglichkeit, im Innenhof des Hauses Hühner und Kaninchen zu
halten. Ihr Vater, der damals bei der Reichsbahn arbeitete, brachte täglich in seiner Frühstückstasche Briketts mit nach Hause, mit
denen der Herd befeuert wurde. „Insofern ging es uns verhältnismäßig gut", erzählt Marie Rackelbusch.

1947 kehrte ihr Mann aus der Kriegsgefangenschaft zurück.
Die Familie rückte weiter zusammen. Im einen Zimmer schliefen
nun die Eltern, im anderen Marie Rackelbusch mit Mann und
Sohn, ein paar Jahre später kam noch ein Mädchen zur Welt. Das
Wohnzimmer und die Küche wurden von allen gemeinsam
genutzt. „Wir waren ja eine Familie", erzählt sie. 1952 ergab sich
die Gelegenheit, zusätzlich eine kleine Wohnung im Stockwerk
darüber anzumieten. Dort waren die Mieter ausgezogen, der
Untermieter war allerdings geblieben. So wechselten die Eltern
nach oben, und der Untermieter, ein älterer Herr im Rentenal-
ter, kam im Gegenzug in die größere Wohnung nach unten, und
alle Probleme waren gelöst. „Damals sah man das nicht so eng",
erklärt Marie Rackelbusch. Abgesehen davon machte dieser Herr
wenig Aufhebens um seine Person. Er kochte sich lediglich morgens in der Küche Kaffee, aß ansonsten auswärts und wurde selten gesehen.

Aus Streichhölzern fertigte der Mann von Frau Rackelbusch
leidenschaftlich gern Holzschiffe nach eigenen Entwürfen.
Später wurde das Esszimmer zur Werkstatt umfunktioniert
und hieß dann „Charly's Werft"

Die Nachbarschaft war in den schweren Zeiten der Kriegs-
und Nachkriegsjahre zu einer festen Gemeinschaft geworden.
„Der Zusammenhalt war großartig", erinnert sich Marie Rackelbusch. Als 1962 die große Flut kam und das Lebensmittelgeschäft
im Erdgeschoss unter Wasser stand, packten alle mit an und
räumten bei eisiger Kälte – es war Februar – aus den Regalen, was
zu retten war, und zwar so lange, bis das Wasser ihnen weit über
den Knien stand. Tiefgekühlte Waren wurden in Windeseile aus
der Kühltruhe geholt und nach oben gebracht. Da strenger Frost
herrschte, konnten sich die Lebensmittel auf dem Balkon der
Eltern eine Zeit lang halten. Die Tage darauf gab es ein Festessen
nach dem anderen. Weil nichts verkommen sollte, durften alle
beim gemeinsamen Essen an der Verwertung der Tiefkühlkost
teilhaben. Diese Art von Zusammenhalt im Haus ist Vergangenheit. Heute weiß Marie Rackelbusch kaum noch, wer hier überhaupt wohnt. Mit manchen Nachbarn grüßt man sich kaum.
Und es fehlen die Kinder im Hof. „Aber vieles ist auch schöner
geworden", findet die Siebenundachtzigjährige, die in Georgs-
werder geboren wurde. Die Häuser in der Veringstraße, die ihr

Viele Möbel im Haushalt von Frau Rackelbusch stammen noch von ihren Eltern. Weil sie zu dunkel wirkten, wurden sie in Weiß-blau übergestrichen

früher grau und schmucklos erschienen, sind heute meistenteils renoviert und neu gestrichen. Überall stehen Bäume, und es ist wesentlich ruhiger geworden, erzählt Frau Rackelbusch: „Als hier früher die Straßenbahn entlangfuhr und die Autos über das Kopfsteinpflaster donnerten, war das anders."

Im grünen Hinterhof blüht es prächtig. Und bis heute nutzt sie jede Gelegenheit, ihren Stadtteil zu erkunden, sei es per Schiff über die Kanäle oder mit dem Bus. „Wenn die Sonne scheint, fahre ich nach Moorwerder und setze mich einfach an die Elbe, das ist wunderschön."

Und in Wilhelmsburg gibt es sie noch, die Ecken und Nischen, das Alte, das Gebliebene, das „Um die Ecke", das einfach ganz unspektakulär da ist und wofür Wilhelmsburg eben steht. Zum Beispiel die Schneiderei von gegenüber. „Ich kannte schon den, der den Vater des heutigen Schneiders ausgebildet hat", erzählt Marie Rackelbusch beim Überqueren der Straße. An dem kleinen Laden mit dem liebevoll dekorierten Schaufenster scheint die Zeit vorbeigegangen zu sein. Herr Wodniczak, Schneidermeister seines Zeichens, nähte schon vor Jahrzehnten Hosen für Herrn Rackelbusch. „Seit fünfundfünfzig Jahren führe ich die inzwischen letzte Schneiderei in Harburg-Wilhelmsburg", erzählt er stolz. Nur hier kann man sich Anzüge und Hosen buchstäblich „auf den Leib schneidern lassen". Berge von unterschiedlichsten Stoffballen in allen möglichen Qualitäten türmen sich in den Regalen, altes Handwerkszeug wird in Glasvitrinen verwahrt, und eine Pause zum Erzählen gibt es immer. Hier kennt man sich noch. Und schon liegen die Fotoalben auf dem Tisch und wecken Erinnerungen. Zum Beispiel daran, dass früher in den Räumen der Schneiderei ein Standesamt untergebracht war.

Wilhelmsburg war von jeher ein Ort der Kontraste. Neben unberührten Landstrichen, weiten Wiesen und Windmühlen war der Stadtteil immer auch der Wohnort von Werftarbeitern und Einwanderern, das Viertel der „kleinen Leute", das häufig mit Nachrichten von Gewaltdelikten von sich reden machte.

Trotz solcher Negativschlagzeilen und mit der Entstehung der Hafencity gewinnt Wilhelmsburg an Nähe zur Hamburger Innenstadt und wird damit zunehmend attraktiv. Seit Hamburg zum „Sprung über die Elbe" angesetzt hat, interessieren sich Investoren für die Rekultivierung der alten Hafen- und Industriegebiete. Mit der Errichtung des Auswanderer-Museums in der Ballinstadt auf der Veddel wird auch für Touristen ein verlockendes Ziel auf der südlichen Elbseite geschaffen. Für Studenten wird günstiger Wohnraum angeboten, und auch große Altbauwohnungen sind noch bezahlbar. Deshalb ist Wilhelmsburg auf dem besten Weg, ein Ort für Studenten und Familien zu werden. Doch die alteingesessenen Wilhelmsburger lieben ihren Stadtteil ebenso wie die Zugezogenen, wenn auch vielleicht aus anderen Gründen. Marie Rackelbusch weiß nach sechzig Jahren Veringstraße, wovon sie spricht: „Auf Wilhelmsburg lasse ich nichts kommen!"

Herr Wodniczak betreibt seine Schneiderei in der Veringstraße seit fünfundfünfzig Jahren. Er führt den letzten Betrieb dieser Art im Raum Harburg-Wilhelmsburg

„MAN MUSS SCHON EIN BISSCHEN ANDERS TICKEN, UM HIER ZU WOHNEN"

EIN NACHMITTAG IN OEVELGÖNNE

Wenn sich der herbstliche Frühnebel auch am Nachmittag noch nicht aufgelöst hat, muss man in Oevelgönne nicht mehr viel befürchten. Dann wirkt die historische Häuserzeile am Elbufer direkt hinter dem Museumshafen so, als hätte die Welt sie vergessen – oder verzaubert. Als wäre die Zeit stehen geblieben, und keiner hätte es gemerkt. Albert Schindehütte steht bei geöffneter Tür in seinem Atelier und sortiert Zeichnungen. Das kleine Hinterhaus aus Backstein, umwachsen von Efeu, hat vielleicht 15 Quadratmeter und „lehnt" malerisch am Elbhang. Es ist so klein wie wildromantisch und passt in die besondere Stimmung, die den ganzen Hinterhof erfüllt. Zwei alte schwarze Fahrräder lehnen an der Wand, in einem Bollerwagen stapelt sich das Altpapier. Nur die strahlend blaue Tischtennisplatte scheint nicht ganz ins Bild zu passen. „Wenn Peter Rühmkorf gleich herunterkommt, fordere ich ihn zum Punktspiel auf", scherzt Schindehütte, der seit Ewigkeiten mit dem bekannten Schriftsteller Tür an Tür lebt. Er kommt aber nicht herunter. Stattdessen kehrt die Schauspielerin Barbara Sukowa, die seit vielen Jahren in New York lebt, unverrichteter Dinge vom Flughafen zurück – Motorschaden. „Ein Glück, dass man den Schaden nicht erst in der Luft festgestellt hat", bekommt sie hinterhergeworfen, als sie ihren Koffer über den schmalen Fußweg zieht. Man kennt sich, denn die Schaupielerin hat ebenfalls lange Jahre im Erdgeschoss des Nebenhauses gewohnt.

Enkelin Lola fährt mit ihrem Kinderfahrrad vor. Sie bringt Schokoladenkekse vorbei, bevor sie mit ihrem dreijährigen Bruder Teo in die andere Richtung davonbraust. Fahrrad fahren ist in Oevelgönne verboten. Die Spaziergänger haben sich durchgesetzt. In den Stoßzeiten muss hier allerdings ohnehin jeder Radler kapitulieren, denn der Weg ist schmal und das Personenaufkommen groß. „Das Fahrradverbot gilt natürlich nicht für die Leute, die hier wohnen", erklärt Schindehütte schmunzelnd. Trotzdem ist es immer ein Spießrutenlaufen. „Wenn man mit dem Fahrrad vorbeifährt, ohne zu klingeln, hört man den Kommentar: Können Sie nicht klingeln? Benutzt man die Klingel, schrecken die Leute

Direkt am Elbwanderweg: das einstige Fischer- und Lotsendorf Oevelgönne

Albert Schindehütte
in seinem verwunschenen
Garten mit Elbblick

Enkelin Lola darf auch hier Klavier spielen, obwohl sie nur zwei Häuser weiter wohnt

angstvoll zurück." Die Bewohner der Häuserzeile an der Elbe müssen einiges aushalten. Neugierige Blicke in die Wohnstuben beispielsweise: „Manchmal steht auch plötzlich jemand in meinem Atelier und fragt, was ich da so mache."

Am Wochenende und an schönen Sommertagen kann man das Leben in Oevelgönne nur mit dem Humor genießen, den Albert Schindehütte glücklicherweise im Überfluss hat. Wenn er auf der Veranda sitzt und die Menschenmengen sich über den Weg schieben, muss er seine Kaffeetasse festhalten, damit sie ihm nicht weggeguckt wird. Neulich, so erzählt der Maler, habe er spaßeshalber einmal eine Gartenbank an den Wegesrand gestellt, „damit die Leute es gemütlicher haben, wenn sie uns beim Frühstücken zusehen".

Albert Schindehütte wohnt hier seit vierunddreißig Jahren. Nach Oevelgönne kam er der Liebe wegen und zog dann direkt „in das Frauenzimmer ein". Seine langjährige Frau, mit der er zwar nicht verheiratet ist, längst aber Silberhochzeit gefeiert hat, lebte dort bereits. Kinder wuchsen hier auf. Ob es nun die eigenen oder mit übernommene sind, spielt dabei überhaupt keine Rolle. Hier wird alles so genommen, wie es eben ist. Und es ist alles gut, wenn man die nötige Gelassenheit aufbringt. Und die liegt Albert Schindehütte ganz offenbar im Blut. Schließlich war der Weg, der ihn zu einem unkonventionellen Menschen und einem bekannten Künstler machte, keineswegs gerade.

Angefangen hatte alles ganz anders. „Ich komme so aus der Metzgerei- und Landwirtschaftsszene, so richtig vom Land", erzählt er, „da hing schon manchmal ein bisschen mehr Dreck als gewöhnlich an mir." Umso erstaunlicher, dass er ausgerechnet in ein ehrwürdiges Stoffkaufhaus in Kassel für eine Ausbildung zum Schaufensterdekorateur geriet. So ganz passte das alles auch nicht zusammen, wie sich zeigen sollte. Denn irgendwann platzte dem Chefdekorateur, der gerade auf der Leiter stand und mit seinem Lehrling feinste Stoffe drapieren wollte, der Kragen: „Dicke Würste kann er essen, aber eine Stecknadel halten, das kann er nicht", entfuhr es ihm. Schindehütte konnte dies nicht auf sich sitzen lassen und klappte die Leiter, auf der sein Chef stand, kurzerhand zusammen, sodass dieser unfreiwillig den Weg nach unten nahm. Trotz dieses Zwischenfalls war der Inhaber bereit, es noch einmal mit ihm zu versuchen. Doch hatte der damals fünfzehnjährige Albert längst beschlossen, sein Glück woanders zu suchen: als Matrose in Hamburg. Dazu sollte es jedoch vorläufig nicht kommen, denn auch die Kunst hatte es ihm angetan, und er bestand mit sechzehn Jahren die Aufnahmeprüfung an der Werkkunstschule in Kassel. So war sein Weg als bildender Künstler beschritten.

Allererste Zeichnungen jedoch sucht man im Oevelgönner Künstlerhaus vergebens, auch wenn die Wände des kleinen Wohnzimmers fast lückenlos mit Graphiken und Zeichnungen behängt sind. „Von denen ist nichts mehr vorhanden", berichtet Schindehütte. Die Kommode, in der er seine Zeichnungen und Bilder gesammelt und archiviert hatte, flog eines Tages mitsamt Inhalt auf den Sperrmüll. Die Verwandtschaft hatte beschlossen, dass es Zeit für neue Möbel war, und verabschiedete sich kurzerhand von der alten Kommode, die das ganze Frühwerk des Künstlers enthielt. Doch das ist Schnee von gestern, denn heute schmückt sich sein Heimatdorf Breitenbach, ein authentischer Ort an der Märchenstraße, in der dortigen „Märchenwache" mit riesigen Holzschnitten und Zeichnungen des Künstlers.

So oder so hat Albert Schindehütte mit seiner Kunst Zeichen gesetzt. In der Werkstatt Rixdorfer Drucke, die 1963 in Berlin gegründet wurde, entstanden über viele Jahre zahllose Arbeiten, die sich kritisch mit dem Zeitgeist auseinander setzten: Kalender, Bilderbögen, Mappen, Illustrationen, Kartenspiele und Leporellos tragen die unverwechselbare Handschrift der Rixdorfer. Sie haben die Ästhetik der „Pressendrucker" maßgeblich beeinflusst. An diese Zeiten erinnert auch eine riesige Sammlung von Büchern, großteils von Schindehütte illustriert und mit Texten von Günter Bruno Fuchs. Stapelweise schleppt er die Bücherschätze auf die Veranda. Eine beachtliche Sammlung, die er in den Zeiten lange vor der Erfindung des Internets zusammengetragen hat.

Idylle im Hinterhof: das Atelier von Albert Schindehütte

Eine Arbeit aus der Werkstatt Rixdorfer Drucke

Oevelgönne, Anfang des 20. Jahrhunderts – bis heute fast unverändert

Die Elbe immer vor Augen: Blick aus
dem Wohnzimmer

„Heute ist Sammeln uninteressant geworden", findet er, „seit Ebay ist alles nur noch eine Frage des Preises."

Was genau in seinem Bücherregal steht, entzieht sich ohnehin seiner Kenntnis. „Vor ein paar Jahren, als ich einmal Geld brauchte", gesteht er, „bat ich einen befreundeten Archivar, für 5000 Mark Bücher aus meinem Regal zu nehmen, um sie weiterzuverkaufen." Schindehütte wollte lieber nicht dabei sein, überließ dem Händler sein Reich und flitzte mit dem Fahrrad davon. „Hinterher lag ein Umschlag mit 5000 Mark auf dem Tisch. Welche Bücher genau es waren, die damals verschwanden, weiß ich bis heute nicht", bemerkt er. Das alte Lotsenhaus mit der Nummer 51, vor dem die Spaziergänger schon wegen der üppig bepflanzten Terrakottatöpfe stehen bleiben, entstand vermutlich 1797. Ein Stein im Garten deutet jedenfalls darauf hin. Damals waren es meist reiche Bauern aus Othmarschen, die die Häuser am Elbstrand erbauen ließen, um diese dann an Fischer oder

72

Fahrrad fahren ist in Oevelgönne verboten –
das gilt natürlich nicht für die Bewohner

In Oevelgönne kennt jeder jeden, und es gibt kaum einen, der mit Einbruch der Dunkelheit die Vorhänge zuzieht

Lotsen zu verkaufen. Ende des 19. Jahrhunderts muss das Haus erneuert worden sein. In dieser Zeit dürfte auch das Badezimmer entstanden sein, das ebenso wie die Küche im Souterrain des Hauses liegt. Eine steile Holzstiege führt hinab. Mit Blick auf die original alten Kacheln und die Einbauschränke fällt es nicht schwer, sich hundert Jahre in die Vergangenheit zurückzuversetzen. Aus dem 19. Jahrhundert muss auch die gusseiserne Umrandung der Veranda stammen, die die Nummer 51 von den anderen Oevelgönner Häusern unterscheidet. Erst vor einem halben Jahr wurde sie im alten Stil rekonstruiert und mit Glas versehen, sodass man wieder windgeschützt auf die Elbe blicken kann, die nur einen Steinwurf entfernt ist.

Die Gemeinschaft in Oevelgönne ist traditionell eingeschworen. Die kleine Elbsiedlung war schon immer etwas Eigenes und durch mehr als nur den Elbhang vom damals dörflichen Leben in Othmarschen getrennt. „Es ist bis heute etwas ganz Spezielles, hier zu wohnen, man geht nicht so einfach wieder weg", beschreibt Albert Schindehütte die Stimmung in Oevelgönne.

Auch die Beliebtheit der Promenade längs der Elbe ist traditionell. Hier war immer eine Menge los. Mitte des 19. Jahrhunderts entstanden erste Badeanstalten am Elbufer, hinzu kamen Geschäfte, Gastronomie und Bootsverleihe. Während die benachbarte Ortschaft Neumühlen eine Straßenverbindung nach Altona erhielt und sich dort Industrie ansiedelte, ist Oevelgönne ein Fischer- und Lotsendorf geblieben und bis zum heutigen Tage vom Autoverkehr abgeschnitten. „Wer hier wohnt, darf nicht zu bequem sein", erklärt Albert Schindehütte, denn immerhin muss man jede Wasserkiste selbst zum Haus schleppen, das ist nicht jedermanns Sache. Vielleicht ist so das besondere Lebensgefühl der Oevelgönner Bewohner zu erklären. Hier kennt jeder jeden, und es gibt kaum einen, der mit Einbruch der Dunkelheit die Vorhänge zuzieht. In den frühen Morgen- und den späten Abend- und Nachtstunden, bei Regen und im Winter, sind die Wege einsam, die Einblicke in die Häuser gemütlich und romantisch. Man kann das genießen – als Spaziergänger, aber auch als Bewohner.

Die Kinder von Oevelgönne

Im letzten Jahr zum Beispiel hatte Albert Schindehütte keine Lust, zu seinem Geburtstag Gäste einzuladen. Er setzte sich mit seiner Frau auf die Terrasse, stellte zu essen und zu trinken auf den Tisch und wartete, was passierte. Zum Schluss feierte er mit dreißig Freunden und Nachbarn. Und wenn er einmal tatsächlich seine Ruhe haben möchte, verschwindet er einfach und radelt in sein Atelier nach Ottensen. Oder er komplimentiert seine Besucher mit dem Hinweis hinaus, er müsse sich umziehen und Dienst tun: weißes Hemd und schwarze Hose, und dann hinaus auf die Elbe. Dorthin, wo derzeit die Figur des Bildhauers Stephan Balkenhol Tag für Tag auf einem Ponton mitten im Wasser dümpelt, die Spaziergänger erfreut, amüsiert oder verblüfft und sich von den Wellen schaukeln lässt.

„ICH LIEBE DAS, WAS MICH UMGIBT"

DIE BÜCHERMACHERIN VOM MITTELWEG

„Ich mache einfach weiter", erklärt Gertrud Bunsen und lächelt. Langeweile kennt die Fünfundachtzigjährige nicht. Und wenn es der Ausblick aus dem Fenster ist, sie genießt ihn, und schon im nächsten Moment fällt ihr garantiert etwas ein, was noch aufzuschreiben, zu planen oder zu regeln wäre. Abgesehen davon lohnt sich der Ausblick, denn man kann hier, am Mittelweg, fantastisch über Hamburg blicken: der Philosophenturm der Universität, die Kirche St. Johannis Harvestehude, dazwischen jede Menge Grün. Die Oktobersonne darf ungehindert durch die weiten offenen Räume fluten, das Wohnzimmer in der vierten Etage ist so geräumig, dass man gar nicht weiß, auf welches der historischen Sitzmöbel man sich am liebsten setzen möchte. Seit 1949 lebt Gertrud Bunsen in dem hell gestrichenen Wohnhaus am Mittelweg auf 245 Quadratmetern Altbau.

Als sie im Jahr 1921 geboren wurde, standen im Stadtteil Eilbek noch unzählige prachtvolle Villen. In einer davon wuchs sie zusammen mit zwei Geschwistern auf. „Wir hatten eine behütete Jugend", erzählt sie, „jedenfalls bis zu dem Tag, an dem wir ausgebombt wurden." Nach dem zweiten großen Bombenangriff auf Hamburg im Juli 1943, der sogenannten „Operation Gomorrha", wurde der Stadtteil fast vollständig zerstört. Auch die schöne Villa in der Sonnenau, ihr Elternhaus, lag in Schutt und Asche. In ihrem Fluchtkoffer verbarg sich ein Tagebuch, ansonsten blieb nicht viel von Gertrud Bunsens Kindheit übrig. „Alles schien zu Ende. Plötzlich lag die Stadt in totaler Dunkelheit, wie unter einer Glocke von Rauch und Feuer", beschreibt sie die Lage damals. Die Familie, glücklicherweise unbeschadet, wurde in Transportern nach Bad Segeberg gebracht. Ein großer Moment war die Ankunft auf dem Lande: „Plötzlich wurde es hell, die Sonne schien, es war Sommer, und die Leute standen am Wegesrand und gaben uns Brote. Das war ein unvergesslich hoffnungsvoller Moment", erzählt sie.

In dem Mietshaus am Mittelweg, das 1910/11 von Emil Neupert entworfen worden war, lebte zu dieser Zeit der Anwalt Reinhart Bunsen. Er war Witwer und hatte drei Kinder im schon

Das Mietshaus am Mittelweg 121 wurde 1910 von Emil Neupert entworfen

Wo früher die Kinder vom Mittelweg in der Sandkiste buddelten, ist heute Platz für drei Autos

Gertrud Bunsen sammelt Geschichten aus dem alten Pöseldorf

fast erwachsen Alter. Mit einem jüdischen Großvater hatte er im Dritten Reich schwere Zeiten gehabt. Am Tag, als in Hamburg die Bomben fielen, war das Glück jedoch auf seiner Seite. Sein Wohnhaus blieb verschont. „Sonst wäre Vieles in meinem Leben sicher anders gekommen", vermutet Gertrud Bunsen. Sie heiratete den Anwalt, einen „Musikfreund" der Familie, ein paar Jahre später und zog 1949 in seine Wohnung am Mittelweg mit ein. Ihr Mann war achtundzwanzig Jahre älter als sie, seine Kinder kaum jünger als sie selbst. „Das gab natürlich Schwierigkeiten", erklärt sie. Trotzdem übernahm jedes der älteren Kinder eine Patenschaft für eines der drei gemeinsamen jüngeren, die in den Jahren 1950 bis 1957 noch das Licht der Welt erblicken sollten.

Mit dem Mietshaus am Mittelweg überlebten auch zahllose Dokumente und Schriftstücke die Kriegsjahre in Hamburg. Dank diesen Tagebüchern und Erinnerungen, schwarzen, handbeschriebenen Büchern und Kladden, begann und wuchs die Leidenschaft für alles Geschriebene und historisch Gewachsene, die Gertrud Bunsen seither umtreibt. Die Tagebücher ihres Schwiegervaters füllen bis heute ganze Regalbretter in einem uralten, imposanten Sekretär, dem „Archivschrank". Jede mit schwarzer Tinte in Sütterlin geschriebene Aufzeichnung beginnt mit einem Hinweis auf die Wetterlage. Es folgen persönliche und geschäftliche Niederschriften, hier und da ist ein Zeitungsausschnitt eingeklebt.

Gertrud Bunsen hat fast alles gelesen, was aus der Familie ihres Mannes an Erinnerungen gesammelt und notiert wurde. Viele der in Sütterlin geschriebenen Briefe hat sie neu aufgeschrieben. „Heute können viele diese Schrift nicht mehr entziffern", bemerkt sie. Irgendwann fragte die FDP, die ihr Mann in den vierziger Jahren mitbegründet hatte, ob es persönliche Dokumente gäbe, die für eine Festschrift infrage kämen. Da entpuppte Gertrud Bunsen sich als wandelndes Gedächtnis und beförderte die entsprechenden Dokumente in kürzester Zeit ans Tageslicht. Dass die Aufzeichnungen jedoch auch darüber hinaus unschätzbaren Wert darstellen, ergab eine Anfrage im Staatsarchiv, wo

Familienleben in den fünfziger Jahren

Der Mittelweg um die Jahrhundertwende

Briefe, Aufzeichnungen, Fotos.
Eine Wohnung voller Erinnerungen

Viele Aufzeichnungen befinden sich heute im Staatsarchiv

inzwischen ein großer Teil davon aufbewahrt wird. „Dort sind die Dinge jedermann zugänglich, und das ist auch gut so", erklärt Frau Bunsen. Jedes halbe Jahr erhielt sie zu dieser Zeit Besuch von einem Archivar, der mit einem leeren Koffer kam und einem vollen wieder ging. „Wir besprachen, was ich alles durchgearbeitet hatte, dann machte er sich Notizen und nahm die Sachen mit."

Nicht mit ins Staatsarchiv wanderte jedoch das Wissen und die Kenntnisse, die Gertrud Bunsen in vielen Jahren gesammelt und selbst in Aufzeichnungen und Schriften dokumentiert hat. Die Veränderungen, die der Stadtteil Rotherbaum und insbesondere das Quartier Pöseldorf in den letzten Jahrzehnten erfahren hat, erlebte sie hautnah. Am 25. Mai 1974 zum Beispiel, so erinnert sie sich, fuhr die Straßenbahn der Linie Nummer 9 ein letztes Mal durch den Mittelweg. „Mein Sohn machte diese letzte Fahrt mit", erzählt sie, „aber ich stand am Fenster, schaute auf die Straße, und mir liefen die Tränen."

Oder die schönen Vorgärten mit der Natursteinumfriedung, die früher zu jedem Wohnhaus am Mittelweg gehörten: Sie wurden in Privatparkplätze verwandelt. Alte Bäume wurden gefällt, um dem zunehmenden Autoverkehr Rechnung zu tragen. Irgendwann in den achtziger Jahren zog Gertrud Bunsen vom Erdgeschoss in die vierte Etage – von oben war mehr Natur zu sehen.

Sie erinnert sich an den alten Fahrstuhl: Dort fand man noch Hinweisschilder vor, wie man einem solchen technischen Wunderwerk mit Anstand zu begegnen hatte, bevor man es sich auf dem Hocker bequem machte, natürlich ohne zu rauchen und nur mit vorher gesäubertem Schuhwerk.

Auch innerhalb des Hauses gab es Regeln und Rituale, die heute weitgehend vergessen sind. „Bei meinem Einzug ging mein Mann mit mir durch die Stockwerke, klingelte an jeder Wohnung und stellte mich vor", erzählt sie „als wir im Dachgeschoss angelangt waren, öffnete plötzlich meine ehemalige Musiklehrerin die Tür." Im zweiten Stockwerk wohnte damals eine Dame, die durch bemerkenswertes Handeln auffiel: Zunächst betrieb sie ein namhaftes Heiratsinstitut, später vermietete sie einzelne Zimmer ihrer geräumigen Wohnung ausschließlich an ledige Mütter und deren Kinder. „Das hat mich damals schon beeindruckt, weil es wirklich ungewöhnlich war", erinnert sie. Dass Gertrud Bunsen von jeher alle Bewohner des Hauses kannte, jeden Namen wusste und bis heute weiß, ist bemerkenswert. Die Wohngemeinschaft in den siebziger Jahren ist ihr ebenso in Erinnerung geblieben wie das alte russische Ehepaar, das immerzu Schach spielte und aus dessen Wohnung stets Klaviermusik von Chopin zu hören war. Man kannte sich eben, und manchmal auch so gut, dass Arbeitsplätze innerhalb des Hauses vergeben wurden. Eine Nachbarin zum Beispiel wurde die Sekretärin ihres Mannes.

Das sich verändernde Leben in ihrem eigenen Umfeld hat sie immer mit wachen Augen beobachtet. „Ich wollte irgendetwas von dem am Leben erhalten, was ich kennen und lieben gelernt hatte und was manchmal einfach so ohne große Worte verschwand", sagt Gertrud Bunsen. Nachdem sie mit siebzig Jahren aus dem Berufsleben als medizinisch-technische Assistentin ausgeschieden war, schien der Zeitpunkt gekommen, diesem Wunsch nachzukommen.

Im Archivschrank finden sich unzählige Aufzeichnungen vom Schwiegervater ihres Mannes

Sieben Bände Stadtteilgeschichte hat Gertrud Bunsen im Selbstverlag herausgebracht. Auch um den Vertrieb kümmert sie sich persönlich

Erinnerungsstücke aus der Familiengeschichte

Das Schreiben, Sammeln und Bewahren von Stadtteilgeschichte ist seither ihre Sache geworden. Und ohne Gertrud Bunsen und den Bürgerverein, der ihre Bücher immer fleißig beworben hat, wären sieben Bände Stadtteilgeschichte nicht geschrieben worden. Von 1989 an hat sie kontinuierlich alles gesammelt, was an Bildern und Erinnerungen von alteingesessenen Nachbarn noch aufzutreiben war. In der Milchstraße gab es damals noch viele kleine Geschäfte und Handwerksbetriebe, deren Inhaber Gertrud Bunsen natürlich allesamt persönlich kannte. Sie sprach die Ladenbesitzer und die Bewohner an und animierte sie dazu, ihre Erinnerungen aufzuschreiben und alte Fotos auszugraben. Dann trug sie alles zusammen, schrieb Geschichten und Aufsätze, recherchierte und rekonstruierte Jahreszahlen und setzte Bildunterschriften. In einem kleinen Kopiergeschäft ließ sie die DIN-A4-Hefte kopieren und binden und machte sich an den Vertrieb. „Achthundert Stück habe ich mittlerweile verkauft", berichtet sie stolz. Viele der kleinen Geschäfte am Mittelweg legen die Hefte aus. Außerdem ist es natürlich möglich, sie bei Gertrud Bunsen persönlich zu erwerben. „Mit so manchem Kunden sitze ich dann hier und plaudere", erzählt die Fünfundachtzigjährige.

Diese Art von Direktvertrieb mag eines der letzten Relikte aus dem alten Pöseldorf sein, in dem jeder jeden kannte und wo man alles um die Ecke bekam. Denn die einst dörflichen Strukturen im Stadtteil Rotherbaum gibt es nicht mehr. Gestiegene Miet- und Immobilienpreise haben die Stadtteilstruktur stark verändert. In vielen der inzwischen hochpreisigen Wohnungen sind heute Arztpraxen, Geschäftsräume, Büros, Firmen und noble Geschäfte etabliert. Siebeneinhalb Zimmer mit Blick über Hamburg. Ein „Wohntraum", doch für eine einzige Person natürlich nicht zu nutzen, nicht zu bezahlen und vor allem nicht aufzugeben.

Ein Glück, dass sich die Möglichkeit ergab, dass Gertrud Bunsens Tochter, die seit vielen Jahren ihre Naturheilpraxis in Pöseldorf betreibt, einen Teil der Wohnung nutzen kann „Das klappt prima", versichert Gertrud Bunsen. So oder so sitzt sie mit

Ihre eigenen Bilder entstehen
in einem Malkurs,
den sie regelmäßig besucht

Vorliebe an ihrem lichten Arbeitsplatz, einem uralten Schreibtisch, macht sich Notizen, malt Bilder oder denkt darüber nach,
was sie als Nächstes noch tun könnte. Die Geschichte ihrer Familie und ihres Stadtteils begleitet sie dabei. „Ich liebe das, was
mich umgibt", gesteht sie und kann zu allem etwas erzählen: Sie
erinnert sich an den Bäcker und den Milchmann, der früher die
Waren über die Dienstbotentreppe nach oben brachte. Durch
eine hölzerne Klappe in der Tür konnte das Mädchen die Waren
direkt in Empfang nehmen. Oder eine Gipsbüste, die an den Ur-
urgroßvater ihres Mannes, Christian Daniel Rauch (1777–1857),
erinnert. Er gilt als einer der bekanntesten und erfolgreichsten
Bildhauer des deutschen Klassizismus. Die alte Hochzeitstruhe
aus dem 18. Jahrhundert stammt aus dem Alten Land und gehört
ebenso zu ihrem Leben wie der Schreibtischstuhl in der Ecke, auf
dem schon der Großvater ihres Mannes gesessen hat. Im Hinter-
grund blickt die Ehefrau des Urgroßvaters samt Tochter von der
Wand, darunter hängt ein Foto ihres Mannes. Er stand, obgleich
schon achtundachtzig Jahre alt, bis zwei Wochen vor seinem Tode
voll im Berufsleben.

Die Vergangenheit, mit der sie sich umgibt, hat Gertrud Bunsen wie ein lebendiges Lexikon abgespeichert. Bis in die Ururgroß-
elterngeneration ihres Mannes kennt sie Namen und Geburtsda-
ten, Geschichten und Anekdoten. Ihre Wohnung mit all den Ge-
mälden, Büsten, Fotos, Möbeln und Erinnerungen spricht eine
eigene Sprache. Lebendig werden die Geschichte und Geschichten
jedoch nur dann, wenn Gertrud Bunsen selbst von ihnen erzählt.

"EIGENTLICH IST DAS HIER GAR KEINE GEGEND"

AM FISCHMARKT ALTONA ENTSTEHT TEXTIL- UND PORZELLANDESIGN

Reiner Zufall war es, dass die Wohnung am Fischmarkt damals, vor fünfzehn Jahren, ihr Zuhause wurde. Die prachtvolle Epoche des Gründerzeithauses, das ursprünglich von Kapitänen bewohnt worden war, war lange vorbei. Auch der rote Teppich, der mit Messingstangen an den stets frisch gebohnerten Treppenstufen befestigt war, hatte seine Zeit gehabt. Jetzt war der Glanz verblasst, die Wohnung wollte damals einfach keiner haben: und dies, obgleich 180 Quadratmeter, eine erschwingliche Miete und sogar eine richtige Badewanne eigentlich Luxus pur bedeuteten.

Trotzdem – der Zustand der Wohnung ließ damals in einem Maße zu wünschen übrig, dass sich schlichtweg kein Mieter fand: Sie war nicht nur komplett unrenoviert, es fehlte in ihr so ziemlich alles, was man von einer Wohnung normalerweise erwarten darf. Von den Fußleisten bis zu den Türen und deren Rahmen hatten die Vormieter offenbar alles zu Brennholz verarbeitet, was man abbauen und zersägen konnte. Nur diesem Umstand war zu verdanken, dass die Wohnung samt Paragraph-5-Schein damals an vier Freunde ging, die dort zunächst eine Männer-WG gründeten. Einer davon war der Lebensgefährte von Frauke von Jaruntowski. "Das muss irgendwann in den siebziger Jahren gewesen sein", erinnert sie sich. Als sie selbst 1991, damals hochschwanger, einzog, löste sich die Wohngemeinschaft, die inzwischen viele Generationen von Mietern beherbergt hatte, gerade auf. Kein Mensch nahm damals Notiz von der Gegend um den Altonaer Fischmarkt. "Eigentlich war der Fischmarkt gar keine Gegend", erklärt Frauke von Jaruntowski.

Im Juli 1943 waren die meisten der gründerzeitlichen Wohnhäuser am Fischmarkt durch Fliegerbomben zerstört worden. Es gab hier bis in die neunziger Jahre keine Infrastruktur, keine Geschäfte, höchstens ein paar Spelunken, reichlich Parkplätze für Lkws – und es gab den Straßenstrich. Am Elbufer bis hin nach Oevelgönne standen gründerzeitliche Mietshäuser leer und verfielen, ohne dass jemand Anstoß daran nahm. Verlassene Wohnwagen verrotteten auf ungepflegten Plätzen, um die sich keiner kümmerte. Erst in den siebziger Jahren begann die Stadt Ham-

In dem prachtvollen Gründerzeithaus, hier bei Hochwasser, wohnten früher die Kapitäne

Ein traumhafter Blick über die Stadt und den Hafen

Frauke von Jaruntowski entwirft Stoffmuster – die meisten entstehen mit Papier, Schere und Klebstoff

Als die Fischauktionshalle noch dem
Fischverkauf diente ... Marktarbeiter
und Inspektoren um 1905

Der Altonaer Fischmarkt um 1902

burg den Wiederaufbau des Platzes zu planen. Zusammen mit dem Altonaer Spar- und Bauverein und dem Bauverein der Elbgemeinden wurden die Pläne zur Neugestaltung ab 1988 allmählich umgesetzt.

Bis dahin war nur am Sonntag Morgen ab halb sechs Uhr Leben am Fischmarkt. Seit jeher hatte der in Altona abgehaltene Markt zur Versorgung der Bürger mit frischem Fisch gedient. Obst, Gemüse und Pflanzen waren seit dem frühen 18. Jahrhundert dort unters Volk gebracht worden. Dass der Fischmarkt traditionell sonntags früh geöffnet ist, ist darin begründet, dass der frisch gefangene Fisch bereits morgens vor dem Kirchgang verkauft werden musste. Besonders in den Sommermonaten wäre es danach draußen zu warm gewesen, und der sich unter der Wärme entwickelnde Gestank hätte, so stand zu befürchten, Käufer abgeschreckt und den Umsatz geschwächt. Und Verkaufseinbußen bescherten den Altonaer Fischern ohnehin Probleme. Die großen Fischdampfer machten ihnen schon seit einiger Zeit mit Dumpingpreisen das Leben schwer. Erst 1896, mit Eröffnung der Fischauktionshalle, sollte es gelingen, der Konkurrenz der großen Fischdampfer Einhalt zu gebieten. Mithilfe des Auktionators konnten die Elbfischer nun endlich angemessene Preise für ihren Fisch erzielen.

Der Fischmarkt hat in Altona seit dem frühen 18. Jahrhundert Tradition. Bis heute hat er viel mehr zu bieten als Fisch, Obst und Gemüse ... zum Beispiel lebendes Geflügel und Kleintiere

Am Fischmarkt entstehen Entwürfe
für feines Porzellan

Heute wechselt in der Fischauktionshalle längst kein Fisch mehr den Besitzer. Stattdessen dröhnt frühmorgens lautstark Livemusik aus den Lautsprechern. Hier, vor der Bühne, an Stehtischen und auf Bierbänken, treffen sich die Frühaufsteher und die Übriggebliebenen vom Vorabend. Jung und Alt wippen mit dem Bierglas in der Hand nach Schlagern aus den siebziger Jahren oder tanzen mit Wildfremden durch die Reihen. Der Duft von Bratkartoffeln und Spiegelei raubt einem den Atem, doch die Stimmung ist einzigartig. Aber auch außerhalb der Halle tobt das Leben. Man fragt sich, wer hier Brieftauben oder lebendes Geflügel kauft. Aber die Händler sind jeden Sonntag wieder vor Ort, die Hähne krähen, und die jungen Kaninchen drücken sich verängstigt in die Ecken ihrer Käfige. Draußen schieben sich Menschenmassen an den Marktständen vorbei, die von Obst und Gemüse über Pflanzen, Kleidung, Souvenirs bis hin zur Autopolitur ziemlich alles zu bieten haben – und dies natürlich lautstark anpreisen. Ungeachtet der Enge kämpfen sich Schnäppchenjäger mit Hackenporsche oder Touristen mit sperrigen Kinderwagen durchs Gewühl. Hier ist alles möglich, besonders dann, wenn ab halb zehn der Lautsprecher das Ende des Marktes ankündigt. Dann wird es plötzlich noch lebendiger. Dann geht das Obst und Gemüse kistenweise über den Tisch, begleitet von ohrenbetäubendem Geschrei – alles für einen Euro …

„Der Fischmarkt ist okay", sagt Frauke von Jaruntowski, „der war schon immer hier." Der gewöhnliche Alltag ist für eine Familie mit einem vierzehnjährigen Mädchen gewöhnungsbedürftig. Die Verkehrsanbindung ist schlecht, und wenn Tochter Lina vier Mal die Woche zum Leistungsschwimmen fährt und um halb zehn am Abend an der S-Bahn-Station Reeperbahn ankommt, muss sie dort regelmäßig abgeholt werden. Auch Einkaufsmöglichkeiten fehlen. Wenn man einen Liter Milch braucht, muss man sich richtig auf den Weg machen.

Dafür bestechen lichtdurchflutete Räume und ein urbanes Ambiente, das ganz offensichtlich zum kreativen Arbeiten inspiriert. Frauke von Jaruntowski ist Textildesignerin. In ihrem großen Arbeitszimmer mit Blick über die ganze Skyline des Hafens entstehen filigrane Muster, modische Accessoires und Entwürfe für Porzellan. Große Kartons mit Stoffen, Ordner voller Entwürfe füllen die Regale. Viele der Muster fertigt sie von Hand, mit Schere, Papier und Kleber. Einiges entsteht aber auch am Computer. Der Kaffee wird hier aus feinstem Porzellan getrunken, mit einem Muster, natürlich von der Designerin selbst entworfen. „Ich benutze die Stücke, auch auf die Gefahr hin, dass ab und zu etwas zu Bruch geht", erzählt sie. Die Schränke, in denen die Musterstücke aufbewahrt werden, sind mit den unterschiedlichsten Kollektionen bestückt und randvoll gestapelt.

Der Fischmarkt in seiner eigenen Stimmung hat etwas. Das findet auch Frauke von Jaruntowski. Altona und St. Pauli möchte die Familie nicht missen. „Aber ein kleiner Garten mit Blick auf den Hafen wäre uns noch lieber", gesteht die Designerin.

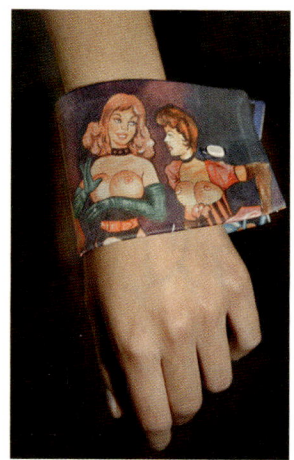

Ein Bild von Erwin Ross hat Frauke von Jaruntowski zu diesen ungewöhnlichen Manschetten inspiriert

Hier entstehen die Stoffmuster – am großen Tisch

„Sonntags kamen die Familien in die Große Freiheit und aßen bei uns Erbsensuppe",
schwärmt Agnes Lienau. Siebenundzwanzig Jahre lang betrieben Agnes und Gunther
Lienau die „Heisse Ecke" – 1992 wurde die Imbissbude abgerissen

„ICH VERMUTE, ICH HATTE DEN BESTEN LEUMUND"

VON DER TRADITIONSBÄCKEREI ZUR BERÜHMTESTEN IMBISSBUDE DER WELT

Als Gunther Lienau 1924 geboren wurde, waren die Backwaren aus dem Fachgeschäft seines Vaters in der Großen Bergstraße schon längst kein Geheimtipp mehr. Der legendäre Delicatess-Kuchen, ein Spezialrezept aus dem Hause Lienau, war weit über die Grenzen Altonas bekannt und brachte dem Vater nicht nur gute Umsätze, sondern sogar eine Auszeichnung in Form einer goldenen Medaille ein. Aber der Name Lienau stand in Altona nicht nur für feinste Backwaren, sondern auch für technischen Fortschritt. Das Geschäft in der Großen Bergstraße gehörte 1910 zu den ersten mit „elektrischem Betrieb".

Am heutigen Jessenplatz lag der Familienbetrieb und war damals noch Teil eines geschlossenen Straßenzuges mit beidseitiger Bebauung. In der Mitte verkehrten die Straßenbahnen der Linien 13 und 31 in Richtung Bahrenfeld und Othmarschen. Die Große Bergstraße galt als DIE Einkaufsstraße für den gehobenen Bedarf in Altona. Hier wurde flaniert, es traf sich das Bürgertum, das vornehmlich in der Königstraße wohnte und Wert auf das kulturelle Angebot legte, das die Gegend damals schon zu bieten hatte. Wenn morgens der Pferdewagen schwer beladen mit Mehl und anderen Backzutaten vor dem Geschäft hielt, war der Arbeitstag der Bäckerfamilie schon längst in vollem Gange. Für Gunther Lienau und seinen Bruder hieß es dann Säcke zählen, die anschließend zum Mehlboden hochgeschleppt wurden. Oder die Jungen mussten den Kohlenwagen entladen. Bis Ende der sechziger Jahre wurde Lienaus Brot und Gebäck in mit Kohle beheizten Öfen gebacken.

Nach der morgendlichen Arbeit ging es zur Schule. Zunächst wurden die Altonaer Brüder ins benachbarte Hamburg zur Privatschule in die Annenstraße geschickt. Hierfür mussten die Eltern 23 Reichsmark im Monat bezahlen. „So viel Geld war damals schwer verdient", erinnert sich Gunther Lienau. Die ersten Jahre brachte ein Chauffeur die Kinder in die Schule. Später wurde der Weg von den Brüdern unbegleitet und zu Fuß erledigt. „Wir wurden angewiesen, unbedingt schnurstracks und ohne Umwege zur Schule zu gehen", erzählt er schmunzelnd. Doch der

Heute ist im ehemaligen Bäckerhaus in der Großen Bergstraße eine Annahmestelle für Sportwetten untergebracht

91

Im Bäckereibetrieb der Lienaus arbeiteten fünfzehn Familienmitglieder mit

Atmosphäre von Abenteuer und Exotik, die auf St. Pauli herrschte, konnten die Jungen schwer widerstehen. Immer wieder warfen sie neugierige Blicke in ein Lokal in der Schmuckstraße, wo eine „Opiumhöhle" vermutet wurde.

1938 starb der Vater, gerade fünfzigjährig, ganz unerwartet an Diphterie. Für die Mutter folgten schwere Jahre. Sie musste die Bäckerei nun allein führen, was mit Beginn des Zweiten Weltkrieges zunehmend schwierig wurde. 1943 fielen die meisten Häuser in der Großen Bergstraße den Bomben zum Opfer. Altona war, von wenigen Straßenzügen abgesehen, ein einziges Trümmerfeld. Wie durch ein Wunder blieben die Bäckerei Lienau und Teile der Häuserzeile am Jessenplatz unbeschadet, während ringsum alles in Schutt und Asche lag. Der ältere Bruder, der in Kriegsgefangenschaft gewesen war, stieg nach seiner Rückkehr in das Geschäft mit ein. Gunther Lienau hingegen hatte andere Pläne. Er wollte sein Glück als Zahnarzt versuchen und begann, an der Universität zu studieren. Nebenbei erlernte er das Bäckerhandwerk und legte seine Gesellenprüfung ab. Der elterliche Betrieb, in dem fünfzehn Mitglieder der Familie mitarbeiteten, war und blieb damit ein Teil seines Lebens. Während er jedoch morgens um drei Uhr die Imbissbuden auf St. Pauli mit Brot und Baguette belieferte, gediehen seine Pläne, selbst in das Imbissgeschäft einzusteigen. Inzwischen hatte er auch seine Frau Agnes, die er beim Tanztee im „Faun" kennen gelernt hatte, geheiratet und sein Studium an den Nagel gehängt.

Und so zögerte er nicht lange, als bei „Puffer-Rudi" in der Großen Freiheit ein neuer Betreiber gesucht wurde. Am 1. April 1961 begann mit dem Imbiss „Treffpunkt 13" wieder eine neue Zeit. 1962 kam der nächste Laden, „Expressbuffet", dazu, und 1964 erhielten die Lienaus den Zuschlag für die „Heisse Ecke", den damals schon begehrtesten Imbiss mitten in St. Pauli. Hundertzwanzig Bewerber hatten sich für die umsatzstarke Bude auf der Reeperbahn interessiert. „Ich vermute, ich hatte den besten Leumund", mutmaßt Gunther Lienau. Abgesehen davon waren die selbst gemachten Kartoffelpuffer in Lienaus Buden weit über Hamburgs Grenzen hinaus bekannt und ein absoluter Verkaufsschlager. Von zehn Uhr morgens bis vier Uhr nachts gingen die frisch gebackenen Kartoffelplätzchen in Mengen über die Theke. Aber auch Schaschlik, Bratwürste und Erbsensuppe erfreuten sich höchster Beliebtheit. Und allen Lienau'schen Buden war eines gemeinsam: „Die Pfannen standen im Fenster", und jeder konnte den Würstchen beim Brutzeln zusehen. Zwar arbeiteten die beiden niemals selbst hinterm Tresen, dennoch hatten sie sich auf dem Kiez längst einen Namen gemacht. Und dies, obwohl sie für übertriebenen Alkoholgenuss überhaupt nichts übrig hatten. Jeder der Läden bestach durch solide Qualität, Hausmannskost eben.

Und noch etwas: Lienaus hatten ein Händchen für das richtige Personal. Denn die Leute, die in der „Heissen Ecke" ihr Geld verdienten, bereiteten die legendäre Atmosphäre, die in Hamburg Geschichte geschrieben hat. Das Musical „Heisse Ecke", eine Ode an das Lebensgefühl, das es eben nur auf St. Pauli gab, beschert dem Schmidt Theater seit Jahren ein volles Haus.

Eines war allen Lienau'schen Imbissbuden gemeinsam: Die Pfannen standen im Fenster.

Die „Heisse Ecke" wurde wohl zur berühmtesten Imbissbude der Welt.

St. Pauli ist überall auf der Welt bekannt und berühmt für seine besondere Atmosphäre

Gunther Lienau erinnert sich nur zu gut an eine Angestellte, die ihm schlaflose Nächte bereitete, weil ihr Benehmen alles andere als makellos war. So soll sie Passanten hintergerufen haben: „Wollt ihr mal oben ohne sehen?" Den ahnungslos Vorübergehenden zog sie zunächst 20 Mark aus der Tasche und nahm dann die obere Gebisshälfte aus ihrem Mund. Viermal erhielt sie ihre Kündigung per Einschreiben. Sie ignorierte dies jedoch so ausdauernd, dass Lienaus eines Tages aufgaben. „Sie war wohl die bekannteste Imbissfrau, die es jemals auf St. Pauli gegeben hat", meint Agnes Lienau. Die Gäste konnten ihrem herben Charme einfach nicht widerstehen. Soviel sie auch getrunken mochte, am folgenden Tag stand sie pünktlich wieder auf der Matte, verkaufte das kleine Bier für 55 Pfennig, den Liter für eine Mark und zog die Gäste mit ihren lockeren Sprüchen geradezu magnetisch an.

Nicht nur Bill Haley und Sophia Loren, auch die Beatles tranken ihr Bier am Tresen der „Heissen Ecke". „Es herrschte in den sechziger und siebziger Jahren eine knisternd geheimnisvolle Atmosphäre von Abenteuer und Verbotenem", beschreibt Agnes Lienau die Stimmung auf dem Kiez. Nach der Grenzöffnung, als zahlreiche Bewohner der damaligen DDR die Reeperbahn und die sündige Meile in Scharen aufsuchten, erhielt auch die „Heisse Ecke" noch mehr Zulauf, denn Lienaus hatten, geschäftstüchtig wie sie waren, Gutscheine an die Gäste aus dem Osten verteilt. So mussten sie gleich drei Leute zusätzlich einstellen, um den Besucheransturm zu bewältigen. „Vierzig Jahre lang haben wir die Bude so geführt, dass nicht ein einziges Mal die Polizei bei uns war", erzählt Gunther Lienau stolz, „das wäre heute undenkbar."

1990 lief der Mietvertrag für die „Heisse Ecke" aus. Das Grundstück wurde verkauft und war dem Käufer 1,85 Millionen Mark wert. Zwei Jahre später folgte der Abriss der berühmten Imbissbude, und seitdem klafft eine Lücke an der Reeperbahn/Ecke Hein-Hoyer-Straße. Für das Ehepaar Lienau sind die goldenen Jahre auf St. Pauli damit endgültig vorbei. Auch die Große Bergstraße in Altona hat schon bessere Zeiten gesehen. Als erste Fußgängerzone Deutschlands war sie in den sechziger Jahren der ganze Stolz von Altona. Doch das ist lange vorbei. Das ehemalige „Frappant", eine Bausünde aus den siebziger Jahren, steht seit Jahren leer. Kein Investor möchte dem „Schandfleck Altonas", wie Altonas Bürgermeister das Gebäude einst nannte, zu neuem Leben verhelfen, und so wirft das riesige Betonmonster im wahrsten Sinne des Wortes seine dunklen Schatten über die Einkaufsstraße, die einst als die schönste in ganz Deutschland galt. Mit den vielen Geschäften, die den Standort verließen, ist auch die Kaufkraft verschwunden. Die Altonaer kaufen lieber im beliebten Stadtteil Ottensen ein. Trotzdem oder gerade deswegen ist in den letzten Jahren in Altona fast unbemerkt etwas Neues entstanden und gewachsen. Künstler und Kulturtreibende haben einige leer stehende Gebäude wieder mit Leben erfüllt. Im ehemaligen Karstadt-Gebäude sind Ausstellungen und Kunstprojekte zu sehen und zu erleben, Konzerte und Vorträge zu hören. Viele Bewohner, Künstler und Interessierte haben die Große Bergstraße wiederentdeckt und neu geprägt.

Auch Gunther und Agnes Lienau, beide inzwischen über achtzig, haben in der Einkaufsstraße ein Zeichen gesetzt. „Ich fand den Jessenplatz so einsam", erklärt Gunther Lienau, „und ich wollte etwas Persönliches, was an mein Geburtshaus und das Unternehmen meines Vaters erinnert." So stiftete er ein Denkmal, das der Altonaer Künstler Andreas Oldörp schuf. Der bildete das ehemalige Bäckerhaus, in dem heute eine Annahmestelle für Sportwetten untergebracht ist, in Naturstein nach. Die Stelle befindet sich genau gegenüber des heute unscheinbar und schmucklos wirkenden Hauses mit der Nummer 173. Obwohl die Fenster des Denkmals nachts erleuchtet sind und bei näherem Herantreten sogar Musik hörbar ist, lädt die Skulptur nicht gerade zum Verweilen ein. Das finden jedenfalls Agnes und Gunther Lienau. Vielleicht werden deshalb am Denkmal bald auch noch ein paar Bänke stehen. Und wenn man sich dann auch in Altona endlich wieder niederlassen kann, ist dies dem Engagement der Lienaus zu verdanken.

Gunther und Agnes Lienau am Grenzstein, der bis 1937 Altona und Hamburg trennte

Vor der ehemaligen Bäckerei erinnert heute ein Denkmal aus Naturstein, das der Altonaer Künstler Andreas Oldörp schuf, an die Geschichte des Hauses

DANKSAGUNG

Mein besonderer Dank gilt allen Interviewten, die in diesem Buch persönlich zu Wort kommen. Sie alle standen mir gern und ausführlich Rede und Antwort und stellten mir ihre privaten Fotos und Geschichten für dieses Projekt zur Verfügung – ohne sie wäre das Buch nicht so vielfältig und farbenfroh geworden.

Dann möchte ich mich ganz herzlich bei meinen Mitstreitern bedanken: An erster Stelle sei der Fotograf Andreas Bock genannt, der mich bei jedem Besuch begleitete und mit seinen Fotos maßgeblich zur Atmosphäre des Buches beigetragen hat. Ferner hatte Carsten Best immer viel mehr als ein offenes Ohr für das Projekt und motivierte mit fertigen Layouts und viel Optimismus. Der Lithograph Matthias Grün setzte die Fotos ins richtige Licht. Jutta Buchwald, Andreas Hummelmeier und Silke Straatman danke ich für die kritische Betrachtung meiner Texte.

Für wertvolle Tipps und Hinweise geht mein herzlicher Dank an: Margit Bonacker, Bettina Gräfin von Bernstorff, Julia Probst, Claus Carsten Quast, Stefanie Hoffmann, Verena und Harald Rüggeberg, Karl-Heinz Schult, Krischa Weber und Günter Westphal. Dirk Juretzki und Martje Weber danke ich für ihre große Toleranz und Geduld. Für das freundliche Überlassen von historischen Fotos danke ich Horst Moldenhauer aus Niendorf, Erwin Möller vom Langenhorn-Archiv und Paul Ziegler.

Besonders freue ich mich über die einleitenden Worte von Dr. Norbert Fischer, die dem Buch seine kulturhistorische Dimension verleihen. Er ist Privatdozent am Historischen Seminar der Universität Hamburg und hat zahlreiche Schriften zu norddeutscher Landschaft, Kultur und Gesellschaft veröffentlicht.

Herzlicher Dank gebührt Irmela Rütters und dem Verlag „Die Hanse" für die vertrauensvolle Zusammenarbeit, Vivian Hecker vom Hamburger Abendblatt für ihre tatkräftige Unterstützung sowie Carl M. Spitzmüller und Kerstin Matzen von der Unternehmenskommunikation der SAGA GWG für die großzügige Förderung, ohne die dieses Buch nie so zustande gekommen wäre.

Andrea Weber

Die Autorin Andrea Weber, geboren 1962 in Esslingen, studierte Volkskunde, Sozial- und Wirtschaftsgeschichte und Germanistik. 1986 erschien ihr erstes Buch „Familiengeschichten". Dann arbeitete sie im Hamburger Christians Verlag und veröffentlichte dort 1994 das Buch „Unter alten Dächern", alte Häuser in Schleswig-Holstein erzählen Geschichten.

Der Fotograf Andreas Bock, geboren 1959 in Freiburg im Breisgau, studierte Freie Kunst und Visuelle Kommunikation in Hamburg. Er arbeitet seit 1995 als freier Fotograf und Künstler in Hamburg. Er ist Fotograf des Buches „Unter alten Dächern", arbeitet für Fachzeitschriften und erhielt Auszeichnungen für seine künstlerische Arbeit.

Die Deutsche Nationalbibliothek verzeichnet diese Publikation in der Deutschen Nationalbibliografie; detaillierte bibliografische Daten sind im Internet über http://dnb.d-nb.de abrufbar.

FOTONACHWEIS

S. 10: von Usslar, privat
S. 18: Langenhorn Archiv, Erwin Möller
S. 25 und 26: unbekannt
S. 37: Horst Moldenhauer, Niendorf
S. 41 oben: Fiering privat
S. 41 unten: Paul Ziegler
S. 57: Palm privat
S. 64: Rackelbusch privat
S. 72: Schindehütte privat
S. 77 und 79: Bunsen privat
S. 86: Heinrich Hamann, Denkmalschutzamt Hamburg, Bildarchiv
S. 91, 92, 93: Lienau privat

IMPRESSUM

© Die Hanse | EVA Europäische Verlagsanstalt
Hamburg 2007
Text und Konzept: Andrea Weber
Fotos: Andreas Bock
Gestaltung: Carsten Best
Lithographie: Matthias Grün, Einsatz Creative Production, Hamburg
Druck: Messedruck Leipzig GmbH, Leipzig
Alle Rechte vorbehalten
ISBN 978-3-434-52626-1

Informationen zu unserem Verlagsprogramm finden Sie im Internet unter: www.die-hanse.de